【易經風水 DIY 】 ◉ 易懂的卜卦步驟教學＋卦象建議，
方便您快速掌握與應變！
◉ 精編卜卦DIY、易經與風水解析！

易經與現代風水

I-Ching & Modern Feng Shui

吳治逸 著
Roger Wu

◉ 武俠小說的亢龍有悔、見龍在田、飛龍在天、四象八卦與太極拳
拳經拳理，皆源於易經哲理。

◉ 風水知識，是您購屋、室內設計與經營的必備資訊！

◉ 有些人認為風水是迷信，但人體血液中含有鐵質，因其受到地球
磁場的影響，個性健康均會有所關連。

自序

　　無極生太極，太極生兩儀，兩儀生四象，四象生八卦。無極是陰陽未分的混沌狀態，沒有開始也沒有結束，無限久遠，永續恆遠；太極乃無止境的空間，陰陽靜動確立，萬物生長。兩儀生四象，四象乃少陽(春分)、少陰(秋分)、太陽(夏至)與太陰(冬至)，農作之生長收藏即是配合春夏秋冬四季(四象)之氣候。聖人伏羲作先天八卦，大禹推演後天八卦重疊成六十四卦。易經是中國古聖人之集體創作，它的哲學包含變易、不易與簡易(容易)三大意涵。變易是宇宙萬物無時無刻都在變動與變化，從而產生新事象；不易則是在宇宙萬物之變化中，仍有永恆不變的真理法則存在；而簡易(容易)是吾人經歷變動，變化後產生新的事象，適應並與之和平共存，進而使之變成簡易、容易。學易經可預知事物變化之始末，若事物不失中正得宜就是不變。人生起伏不定，驟變不已就是變易；易經教導如何逢凶化吉使得事情順利容易，就是簡易、容易。古今不論有無生命之成長過程與循環皆不出其右。能夠透過易經之學習而博古通今，就是知難行易。本書嘗試詮譯易經64卦，384爻與建言，共448則，使易經簡單易懂與成語化；而易經具有預言，卜噬功能，人們對於未來之不確定性與期待，都可透過卜卦得到釋疑。

　　第二篇現代風水，乃是研究如何能提供最佳生活環境品質的一門學問，它能提供風水相關知識，改善住家格

局，使全家安和樂利。本人曾受邀赴美幫一家新設銀行看風水，從建址到開幕都給與改進意見。有些人認為風水是迷信，但人體血液中含有鐵質，因其受到地球磁場的影響，個性健康均會有所關連。另外，每間屋子會有一條鬼門線，即東北與西南之中間連線，如果把貓或狗甚至老鼠用籠子把它放在鬼門線上，它一定會移開，因它受到磁場的干擾。又最近幾年世界各地常出現人性偏離的怪事，這可能與地球軸心偏離有關，造成部份人性的乖違。一般勘查居家風水首先對居住者之生辰與屋內之格局勘查外，也要對屋外之環境與家人作評估。仿間有幾種職業，為了要提供更好的服務，需要懂居家風水，例如：建築師、地理師、房屋仲介、殯葬業與命理師等。我年輕時坎坷，但自從學風水且自我改善居家格局後，一路順遂，平步青雲，這是我學習風水後老天對我的眷顧。

　　本書易經與現代風水之詮釋，再再希望有興趣之海內外人士亦能分享中國人之先聖智慧。共享福祿壽喜的人生。

　　拙才疏學淺，殷盼諸先進前輩們指教，謝謝。

　　　　　　　　　　　　　　　　　吳班逸

目 錄　Contents

第二篇　現代風水

伏羲六十四卦

| 坤 | 剝 | 比 | 觀 | 豫 | 晉 | 萃 | 否 | 謙 | 艮 | 蹇 | 漸 | 小過 | 旅 | 咸 | 遯 | 師 | 蒙 | 坎 | 渙 | 解 | 未濟 | 困 | 訟 | 升 | 蠱 | 井 | 巽 | 恒 | 鼎 | 大過 | 姤 |

坤　　　艮　　　坎　　　巽

太陰　　　　少陽

陰

太

次序圖

卦名（由右至左）：乾 夬 大有 大壯 小畜 需 大畜 泰 履 兌 睽 歸妹 中孚 節 損 臨 同人 革 離 豐 家人 既濟 賁 明夷 无妄 隨 噬嗑 震 益 屯 頤 復

六十四卦

三十二卦

十六卦

八卦：震　離　兌　乾

四象：少陰　太陽

兩儀：陽

太極：極

鑫富樂文教編輯部繪製

六十四卦名對照表

8 坤（地）	7 艮（山）	6 坎（水）	5 巽（風）	4 震（雷）	3 離（火）	2 兌（澤）	1 乾（天）	上卦 / 下卦
11 地天泰	26 山天大畜	5 水天需	9 風天小畜	34 雷天大壯	14 火天大有	43 澤天夬	1 乾為天	1 乾（天）
19 地澤臨	41 山澤損	60 水澤節	61 風澤中孚	54 雷澤歸妹	38 火澤睽	58 兌為澤	10 天澤履	2 兌（澤）
36 地火明夷	22 山火賁	63 水火既濟	37 風火家人	55 雷火豐	30 離為火	49 澤火革	13 天火同人	3 離（火）
24 地雷復	27 山雷頤	3 水雷屯	42 風雷益	51 震為雷	21 火雷噬嗑	17 澤雷隨	25 天雷無妄	4 震（雷）
46 地風升	18 山風蠱	48 水風井	57 巽為風	32 雷風恆	50 火風鼎	28 澤風大過	44 天風姤	5 巽（風）
7 地水師	4 山水蒙	29 坎為水	59 風水渙	40 雷水解	64 火水未濟	47 澤水困	6 天水訟	6 坎（水）
15 地山謙	52 艮為山	39 水山蹇	53 風山漸	62 雷山小過	56 火山旅	31 澤山咸	33 天山遯	7 艮（山）
2 坤為地	23 山地剝	8 水地比	20 風地觀	16 雷地豫	35 火地晉	45 澤地萃	12 天地否	8 坤（地）

鑫富樂文教編輯部繪製

第一篇

易經

第一章 易經卜卦步驟、實例與基礎

1. 易經形成

易經是伏羲觀察天象，以天、地、雷、風、水、火、山、澤應用在陰陽符號作先天八卦，到夏朝，大禹因為治水而悟出後天八卦。經周文王把八卦重疊成八八六十四卦，且每卦演繹六爻成為三百八十四爻。易經是本文與傳構成的，本文即周易經文，而傳是易傳，用來解釋經文的，迄今有十篇傳亦稱十翼，即象傳、象傳、繫辭傳各兩篇，加上序卦傳、說卦傳、雜卦傳、文言傳共十篇。

2. 學易經的好處

(1)人生指引：人生禍福無常，無法守善無過。誰都想要榮華富貴趨吉避凶，但人生十之八九不如意。學易能引領您寡過避禍，尤其當處逆境時更要低調行事。

(2)提升解析應變能力：人往往會面臨難以抉擇的窘境，如果學易而懂陰陽二元之應用道理，凡事不離正反兩面，例如上下、日月、天地、冷熱、寒暑、夫妻、高低、水火、好壞、順逆等，就不會無所適從，還能免災。

(3)預知先機，掌握未來：透過卜卦察覺事象的發展，提前作好準備或防患，更可藉此造福人群提升個人層次。

3. 卜卦DIY

3-1.骰子卜卦法

(1)卜卦時應虔誠，空間安靜且心情平靜，問題單一且明

確，不是選擇題。每事一日一問，勿反覆卜卦或變更字句，但同樣地重複詢問與卜卦；儘量在白天卜卦。

(2)卜卦程序：

a.請示卦神的事，要先擬定，才不至於混亂。盡量用是非題方式詢問，而不是選擇題。

(註：卜卦祈禱文，有人拜請四聖即伏羲、文王、周公、孔子，也有版本以「卦神」稱呼，這裡以「卦神」稱呼，取其方便性，實質無異。)

b.準備一顆骰子、筆、紙與玻璃杯。

c.念誦祈禱文 (只需念誦1次)

我是 xxx，今年xx 歲，住在xxxxxxxxxxxx。 今日有一事，………

請卦神透過易經64卦， 變爻指示。謝謝。

d.念完祈禱文即擲骰子七次於玻璃杯中，每次的點數「自下而上」，依序記錄。 前三次為下卦，後三次為上卦，第七次是變爻，記錄在最下方。

e. 前六次的點數，如果是奇數屬陽▬▬，偶數屬陰
▬ ▬；下卦加上卦，可算出屬於64卦的哪一卦。

f. 可透過查表(表1.1)查出其屬於64卦的哪一卦，查到後
就可翻閱到本書的64卦所屬頁數，進一步查詢該卦的
內容。

g. 最後一次(第7次擲骰子)的數字，為變爻，每一卦都
有6爻。第7次擲骰子的數字，為1，代表第1爻；為
6，代表第6爻。

(3) 範例：

a. 骰子前三次之點數，依序記錄為：「4—2—2」，偶
數屬陰，符號為「▬ ▬」，作為下卦；

b. 後三次點數，依序記錄為：「5—3—1」，奇數屬
陽，符號為「▬▬」，作為上卦；

c. 第七次點數為：「2」，為變爻。

上卦：乾 1

(三個陽 – 乾卦 1)

◆ ▬ 第6次

◆ ▬ 第5 次

◆ ▬ 第4次

下卦：坤 8

(三個陰 – 坤卦 8)

◆ − − 第3 次
◆ − − 第2 次
◆ − − 第1次

變爻：

◆ 2 變爻 第7次

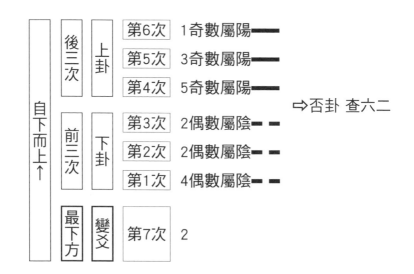

按下表得 8×1= 12 否卦 (×：表示查表對照，非乘法)
☆否卦 2 爻 即為所求之卦爻。

表 1.1

三	二二	二	二二	二	二二	二二	二二
乾	兌	離	震	巽	坎	艮	坤
1	2	3	4	5	6	7	8
乾三連	兌上缺	離中虛	震仰盂	巽下斷	坎中滿	艮覆碗	坤六斷

下卦 × 上卦 = 64 卦				
1	×	1	= 1	乾
1	×	2	= 43	夬
1	×	3	= 14	大有
1	×	4	= 34	大壯
1	×	5	= 9	小畜
1	×	6	= 5	需
1	×	7	= 26	大畜
1	×	8	= 11	泰

下卦 × 上卦 = 64 卦				
2	×	1	= 10	履
2	×	2	= 58	兌
2	×	3	= 38	睽
2	×	4	= 54	歸妹
2	×	5	= 61	中孚
2	×	6	= 60	節
2	×	7	= 41	損
2	×	8	= 19	臨

下卦 × 上卦 = 64 卦				
3	×	1	= 13	同人
3	×	2	= 49	革
3	×	3	= 30	離
3	×	4	= 55	豐
3	×	5	= 37	家人
3	×	6	= 63	既濟
3	×	7	= 22	賁
3	×	8	= 36	明夷

下卦 × 上卦 = 64 卦				
4	×	1	= 25	無妄
4	×	2	= 17	隨
4	×	3	= 21	噬嗑
4	×	4	= 51	震
4	×	5	= 42	益
4	×	6	= 3	屯
4	×	7	= 27	頤
4	×	8	= 24	復

下卦 × 上卦 = 64 卦				
5	×	1	= 44	姤
5	×	2	= 28	大過
5	×	3	= 50	鼎
5	×	4	= 32	恆
5	×	5	= 57	巽
5	×	6	= 48	井
5	×	7	= 18	蠱
5	×	8	= 46	升

下卦 × 上卦 = 64 卦				
6	×	1	= 6	訟
6	×	2	= 47	困
6	×	3	= 64	未濟
6	×	4	= 40	解
6	×	5	= 59	渙
6	×	6	= 29	坎
6	×	7	= 4	蒙
6	×	8	= 7	師

下卦 × 上卦 = 64 卦				
7	×	1	= 33	遯
7	×	2	= 31	咸
7	×	3	= 56	旅
7	×	4	= 62	小過
7	×	5	= 53	漸
7	×	6	= 39	蹇
7	×	7	= 52	艮
7	×	8	= 15	謙

下卦 × 上卦 = 64 卦				
8	×	1	= 12	否
8	×	2	= 45	萃
8	×	3	= 35	晉
8	×	4	= 16	豫
8	×	5	= 20	觀
8	×	6	= 8	比
8	×	7	= 23	剝
8	×	8	= 2	坤

3-2.錢幣卜卦法

通常錢幣也適用於卜卦。

(1)卜卦時應虔誠，空間安靜且心情平靜，問題單一且明確，不是選擇題。每事一日一問，勿反覆卜卦或變更字句，但仍同樣地重複詢問與卜卦；盡量在白天卜卦。

(2)卜卦程序

　　a.請示卦神的事，要先擬定，才不至於混亂，盡量用是非題方式詢問，而不是選擇題。

　　b.準備一枚錢幣、筆、紙；一枚硬幣常應用於卜卦，取其便利。

　　c.念誦祈禱文 (只需念誦1次)

　　　我是 xxx，今年xx 歲，住在xxxxxxxxxxxx。今日有一事，………。

　　　請卦神透過易經64卦， 變爻指示。謝謝。

　　d.念完祈禱文即擲錢幣六次於桌上，每次的正反面「自下而上」，依序記錄。前三次為下卦，後三次為上卦，無需擲第七次。

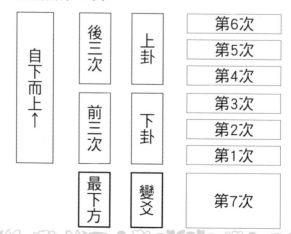

e.六次的正反，如果是反面屬陰「━ ━」，正面屬陽「━━」；下卦加上卦，可算出屬於64卦的哪一卦。

f.可透過查表(表1.2)查出其屬於64卦的哪一卦，查到後就可翻閱到本書的64卦所屬頁數，進一步查詢該卦的內容。

g.計算爻卦：每一卦都有6爻，計算方式如下：
- 總數：上卦序號+下卦序號+卜卦時程序號(查表1.3)。
- 總數除上6計算餘數。餘數為3，代表第3爻；餘數為6，代表第6爻。依此類推。

(3) 範例：

第一次至第六次之擲幣順序為：「反―反―反，正―正―正」。前三次屬下卦，後三次屬上卦。卜卦時間為上午9：30。

上卦　乾，序號1（後三次）

◆ ━━ 第6次

◆ ━━ 第5次

◆ ━━ 第4次

下卦　坤，序號8（前三次）

◆ ━ ━ 第3次

◆ ━ ━ 第2次

◆ ━ ━ 第1次

下卦坤，序號8；上卦乾，序號1，依 64卦表（如表 1.2- 64 卦）得序號12，否卦。

表 1.2

基本卦：

卦象	☰	☱	☲	☳	☴	☵	☶	☷
卦名	乾	兌	離	震	巽	坎	艮	坤
序號	1	2	3	4	5	6	7	8

64 卦表

坤 8	艮 7	坎 6	巽 5	震 4	離 3	兌 2	乾 1	上卦／下卦
11卦 泰	26卦 大畜	5卦 需	9卦 小畜	34卦 大壯	14卦 大有	43卦 夬	1卦 乾	1 乾
19卦 臨	41卦 損	60卦 節	61卦 中孚	54卦 歸妹	38卦 睽	58卦 兌	10卦 履	2 兌
36卦 明夷	22卦 賁	63卦 既濟	37卦 家人	55卦 豐	30卦 離	49卦 革	13卦 同人	3 離
24卦 復	27卦 頤	3卦 屯	42卦 益	51卦 震	21卦 噬嗑	17卦 隨	25卦 無妄	4 震
46卦 升	18卦 蠱	48卦 井	57卦 巽	32卦 恆	50卦 鼎	28卦 大過	44卦 姤	5 巽
7卦 師	4卦 蒙	29卦 坎	59卦 渙	40卦 解	64卦 未濟	47卦 困	6卦 訟	6 坎
15卦 謙	52卦 艮	39卦 蹇	53卦 漸	62卦 小過	56卦 旅	31卦 咸	33卦 遯	7 艮
2卦 坤	23卦 剝	8卦 比	20卦 觀	16卦 豫	35卦 晉	45卦 萃	12卦 否	8 坤

　　古代中國把一日24小時劃分成12等份，每一等份為2小時，序數為 1~12。

表 1.3

序數	1	2	3	4	5	6	7	8	9	10	11	12
時間	23-1	1-3	3-5	5-7	7-9	9-11	11-13	13-15	15-17	17-19	19-21	21-23
地支	子	丑	寅	卯	辰	巳	午	未	申	酉	戌	亥

　　　以否卦為例 ䷀ 乾　序號1（上卦）

　　　　　　　　　　坤　序號8（下卦）

卜卦時間上午9：30，時間序數為6。

變爻 為 (1+8+6)=15　15/6【固定數】= 2…3，變爻 3。【6為固定數,因每卦有6爻】

否卦第3爻則是所求。

自下而上↑	後三次	上卦	第6次	正 屬陽 ▬▬
			第5次	正 屬陽 ▬▬
			第4次	正 屬陽 ▬▬
	前三次	下卦	第3次	反 屬陰 ▬ ▬
			第2次	反 屬陰 ▬ ▬
			第1次	反 屬陰 ▬ ▬
最下方	變爻		第7次	3

⇨否卦 查六三

4.卜卦實例

(1) 2013年12月有一則新聞： 高雄有一家最大的半導體封裝測試公司，排放污水污染溪流當然要受罰，經卜卦得第21卦第5爻。

六五：噬乾肉，得黃金，貞厲，無咎。
象傳：貞厲無咎，得當也。

六五：執刑時碰到權貴罪犯，執刑困難度就像咬乾硬臘肉般。執刑者要有如銅箭般硬的氣魄去執行，由於執刑安排妥當，因此沒有禍害。
象傳：執刑時碰到權貴罪犯，執刑者守正及安排妥當。
建言：藉堅毅與果敢的毅力，完成刑事處決。
　　　邪不勝正。
小結：卜卦得到的卦意，與事件頗能傳神。

(2) 2013 六月

彰化陳巧明是日月明功的創辦人，她在默園吸收會員靈修，一位母親會員要其高中就學的兒子向學校請病假去練功，不知甚麼原因卻死了。母親向警方提出兒子吸毒自白書，由於警方之偵察不斷，六個月後母親改稱兒子死在默園而不是家裡。

這事件非常離奇，從卜卦得到24卦1爻。

初九：不遠復，無祇悔，元吉。
象傳：不遠之復，以修身也。

初九：迷失不遠即知回頭是岸，不會懊悔，也不會有災
　　　難，大吉。意喻發現做了不對的事， 若能及時
　　　回頭修正，將不會懊悔。
象傳：珍貴之處在於迷失不遠，能及時回歸正道，修身
　　　養道，不偏離正道。

建言： 回頭是岸。

☯ **易經小叮嚀**

1. 人生中會遇到許多問題，並非所有問題都得依賴卜卦，否
則失去主見與常理判斷的智慧。但仍難免有我們智慧無法
判斷的兩難，這時易經占卜的意見可作為我們決策的參
考。
2. 易經每一種卦象的情況都有可能發生在我們人生與周遭的
人事物中，若我們能了解每一卦象的道理，坦然面對及運
用其智慧，人生必能豁達。

☯ **易經問與答**

問：請問卦裡面提到的"初九，九二，九三，九四，九五，
上九，用九"是什麼意思呢？
答：一個卦的最下爻如果是陽（━━）稱九，從下往上數，
其初爻、二爻、三爻、四爻、五爻、六爻以初九、
九二、九三、 九四、 九五、上九稱之；反之， 一個

卦最下爻是陰（━ ━）稱六，從下往上數，其初爻、二
爻、三爻、四爻、五爻、六爻，以初六、六二、六三、
六四、六五、上六稱之。

陽爻為九，在陰曆表示大月30天。用九為閏大月。
陰爻為六，在陰曆表示小月29天。用六為閏小月29
天。

陽 稱九（━）	陰 稱六（━ ━）
六爻 ⇨ 上九 上	六爻 ⇨ 上六 上
五爻 ⇨ 九五	五爻 ⇨ 六五
四爻 ⇨ 九四 ↑	四爻 ⇨ 六四 ↑
三爻 ⇨ 九三	三爻 ⇨ 六三
二爻 ⇨ 九二	二爻 ⇨ 六二
初爻 ⇨ 初九 下	初爻 ⇨ 初六 下

第二章 六十四卦精要與建言

一、乾

乾為天　　乾上 乾下

乾：元、亨、利、貞。

象傳：天行健，君子以自強不息。

乾：開創，健。 乾乃萬物之根元。

　　乾具四德：

　　1.廣大浩瀚，創始。

　　2.亨通，發達。

　　3.和諧，有利。

　　4.貞固，恆常。

象傳：天體無止境運行，君子應努力不懈，力求精進。

建言：應效法天之健，努力不懈，力求精進。

初九：潛龍勿用。

象傳：潛龍勿用，陽在下也。

初九：龍暫時潛藏在水中，此時不宜有所發揮，因為時機
　　　尚未成熟，目前無法有所成就。

象傳：潛龍目前仍不能有所發揮，需要時間醞釀與蓄積能量；等待機會再出發。如果貿然行動，將陷於不利。

建言：養精蓄銳，蓄勢待發。聰明的人初期，不強出頭。

九二：見龍在田，利見大人。
象傳：見龍在田，德施普也。

九二：龍現於原野，此時有利會見大人物。意喻有德之地方官吏，被提拔而有所作為。
象傳：龍現於原野，嘉惠百姓。意喻有德之地方官吏被提拔發揮才華，將會帶給人民希望。

建言：時機成熟，足堪當大任。

九三：君子終日乾乾，夕惕若，厲無咎。
象傳：終日乾乾，反復道也。

九三：有所成就時，不可得意忘形，沾沾自喜，仍須終日勤奮不懈。夜晚仍戒惕不已，如此就無災。
象傳：君子整日努力不懈，反覆遵循正道。

建言：兢兢業業，自強不息。

九四：或躍在淵，無咎。

象傳：或躍在淵，進無咎也。

九四：龍飛上天或沉潛在下，依據情勢作出自己的決定，
　　　就無咎害。

象傳：前進或後退，端視個人核心價值所在，如果未偏離
　　　軌道，就無咎害。

建言：見機而動，當機立斷。

九五：飛龍在天，利見大人。

象傳：飛龍在天，大人造也。

九五：因有賢明君主，能重用能臣，使得國泰民安，猶如
　　　飛龍在天。此時君子有利於會見大人物，發揮才
　　　能。

象傳：賢明君主猶如飛龍在天，嘉惠人民。輝宏氣勢是大
　　　人物所塑造出來的。

建言：處巔峰狀態，須防止反轉。

上九：亢龍有悔。

象傳：亢龍有悔，盈不可久也。

上九：君王高高在上，如同飛龍自恃其驕，高飛至頂，不

知節制，終必有悔。意喻君子若在事業巔峰時，應知物極必反之理。

象傳：君子在巔峰狀態不知節制與抑制，就容易招致失敗，因為高峰不可能長久的。

建言：居安思危。

用九：見群龍無首，吉。

象傳：用九，天德不可為首也。

用九：雖然局勢上已公認自己是一方的霸主，地位尊貴，容易目中無人，但面對群雄的崛起，能以謙虛，不居大位的態度與各界意見領袖溝通，協調。能有這樣的心態是吉祥的。

象傳：用九之道在於具有陽剛與陰柔之德。所以不固執，不會一成不變，時時能以謙德去面對，而不恆居大位。

建言：居於領導地位，剛而柔，能變通，不逞強，不妄動，和平共濟。

二、坤

坤為地

坤上 坤下

坤：元亨，利牝[1]馬之貞。君子有攸往，先迷，後得，主
　　利。西南得朋，東北喪朋，安貞吉。

象傳：地勢坤；君子以厚德載物。

坤：承受，萬物的根元。柔順，執著與包容，像母馬一
　　樣，如同地球繞著太陽不失誤。君子若爭先而行，容
　　易迷失自己，但如能遵循順序將能受益。同理，西南
　　方平坦好走；意喻容易得到志同道合者；反之，東北
　　方山路岐嶇難行，不容易得到同志；然而，只要執著
　　於正道，就會吉祥。

象傳：臣子應恭順，以無比的包容力，像大地一樣承載萬
　　物。

建言：萬物皆有其生存之道。

初六：履霜，堅冰至。

象傳：履霜堅冰，陰始凝也；馴致其道，至堅冰也。

初六：踩到雪霜時就可預知結冰的冬季快到，徵兆將顯示
　　未來的變化，應採防禦措施面對。如果一開始忽略
　　小缺陷，最後形成重大缺失，就難以改正過來。

象傳：踩到雪霜時就可預知結冰的冬季快到，寒氣不斷吹
　　襲著，可預知堅冰的冬季快到了。

註1：牝ㄆㄧㄣˋ，雌牛。

建言：防微杜漸。

六二：直、方、大，不習，無不利。

象傳：六二之動，直以方也；不習無不利，地道光也。

六二：大地以無比的包容，照應及承受世上萬物，只要具
　　　有正直、端正與寬容的德行，不需學習也不會不利
　　　的。

象傳：順應大自然法則，不需要學習也不會不利，這是秉
　　　承大地的光輝所致。

建言：胸襟寬厚，真誠待人，無往不利。

六三：含章可貞，或從王事，無成有終。

象傳：含章可貞，以時發也；或從王事，知光大也。

六三：做學問，言行舉止含蓄，美德不浮誇，為官不居
　　　功。

象傳：含蓄之美德，期待機會之到來，能在適當的時機為
　　　朝廷作事，這是智慧的光大。

建言：含蓄，謙虛，深藏不露，贏得信任。

六四：括囊，無咎無譽。

象傳：括囊無咎，慎不害也。

六四：謹慎紮好行囊，不外露，既無災也得不到讚賞。意
　　　喻處境危險不妄言，免災。
象傳：封住嘴巴不妄言，避免惹禍。
建言：禍從口出。胸無大志。

六五：黃裳，元吉。
象傳：黃裳元吉，文在中也。

六五：穿上黃色衣裳，大吉。意喻位階重臣，不因為處於
　　　尊位，仍以謙遜之德待人，大吉。
象傳：不因為處於尊位，仍以謙遜之德待人，因為內在謙
　　　遜之美德蘊含其中。
建言：與人相處，應存本色本性而不虛假。

上六：龍戰于野，其血玄黃。
象傳：龍戰于野，其道窮也。

上六：龍恃強不能屈居人下，爭鬥於原野彼此爭權奪勢，
　　　兩敗俱傷，流青黃血，如果爭鬥一直下去，將導致
　　　滅亡。意喻臣道盛極，君王受到威脅，如果不知謙
　　　遜，不知上下，衰敗從此開始。

象傳：龍爭鬥於原野，兩敗俱傷，已是窮途末路了，不可
　　　不慎。

建言：過猶不及。

用六：利永貞。
象傳：用六永貞，以大終也。

用六：不失用柔之道。
象傳：用六之道在於真誠久固，始終如一，這是恆久的生
　　　存之道。

建言：居從屬位階，卑順。守陰柔之道，有始有終。

三、屯

水雷屯　　坎上 震下

屯：元、亨、利、貞。勿用有攸往，利建侯。
象傳：雲雷，屯；君子以經綸。

屯：開創，萌芽。屯，開創是艱困的，成功還有一段長遠
　　的距離。萬物初萌，根基尚處脆弱，但充滿生機。應
　　堅持四德——元亨利貞，只要不貿然行動將會奠定日

後成功的基石，建功立業。

象傳：烏雲雷響交作，暴風雨即將到來。這是屯卦之象，
　　　君子領悟到理紗而編織絲織物的道理，整理好
　　　自己的頭緒，發揮才幹服務社會。

**建言：開創時期是艱困的，但堅強的意志力可以
　　　開創新視野。**

初九：磐桓，利居貞。利建侯。

象傳：雖磐桓，志行正也；以貴下賤，大得民也。

初九：開創初期，難免承受各方面壓力，像是猶豫徘徊於
　　　城牆之間，像樹被大石壓住，無法成長。此時最好
　　　守正，賦閒在家，不要有所作為。如此，就可以利
　　　用時間建立將來個人潛力與信賴，以建功立業。

象傳：雖然有志難伸，但不偏離正道，甚至放下身段與基
　　　層的人一起工作，就會贏得人民支持與信任。

建言：得道多助，失道少助。

六二：屯如，邅[2]如，乘馬班如。匪寇，婚媾。女子貞不
　　　字，十年乃字。

象傳：六二之難，乘剛也；十年乃字，反常也。

註2：邅ㄓㄢ，難以進行的樣子。

六二：初創時困難重重，猶豫與徘徊不前。黃昏時，新郎
　　　迎娶之馬隊被誤認為是匪徒來搶親，後來證實是新
　　　郎來娶親。過去十年女子拒絕所有求親不嫁，乃是
　　　在等待好姻緣的出現。

象傳：十年來，年輕女子拒絕所有求親不嫁，違反常理。

建言：威武不屈。

六三：即鹿無虞，惟入於林中，君子幾，不如舍。往吝。

象傳：即鹿無虞，以從禽也；君子舍之，往吝窮也。

六三：沒有嚮導，在森林裡追逐野鹿是危險的，應先瞭解
　　　所處環境，而不盲目追逐。君子應會放棄追逐，以
　　　避免危險。

象傳：沒有嚮導隨行，君子寧願放棄追逐野鹿，而不盲目
　　　追逐獵物，避免陷入困境。

建言：急功近利可能陷入逆境。
　　　不投入沒有把握的事。
　　　固持己見。

六四：乘馬班如，求婚媾ぐぐ；往吉，無不利。

象傳：求而往，明也。

六四：新郎與馬隊迎娶新娘，建立新家庭，符合男婚女

嫁，吉祥。

象傳：迅速決定彼此雙方同意的婚姻是明智的。

建言：目標明確，機不可失。

雨過天晴。

九五：屯其膏。小，貞吉；大，貞凶。

象傳：屯其膏，施未光也。

九五：初創時期應珍惜有限的資源，僅能對
可及的範圍做處理，是吉祥的。因為
並未超過他的能力範圍；但如果悖離
原則，必遭不幸與譴責。意喻國家
財政困難，少許加稅可行，但若科
以重稅，人民將會受苦，甚至會產
生動亂。

象傳：初創時無力提供充分資源，即使有抱負，其前程未
必是光明的。

建言：慢工出細活；事緩則圓。

上六：乘馬班如，泣血漣如。

象傳：泣血漣如，何可長也？

上六：處境艱難，猶豫不決，各行其是，盤旋不前，彼此

掣肘，令人傷心哭泣。

象傳：此景使人傷心泣絕，這種可悲之情況怎可能長久下
　　　去？

建言：患得患失。

四、蒙

艮上 坎下

山水蒙

蒙：亨。匪我求童蒙，童蒙求我。初筮告，再三瀆，瀆則
　　不告。利貞。

象傳：山下出泉，蒙；君子以果行育德。

蒙：蒙昧，對初學者授予基礎教育是神聖的，小孩懵懵懂
　　懂，其師生關係極其重要，其對應關係是建立在真誠
　　與服從。學童學習應專注，老師教學態度是有教無類
　　的，而學生之學習態度應是虔敬神聖。同樣的問題再
　　三發問就是不敬。如果一而再的發生，老師可不予回
　　答，因為這對老師是一種褻瀆；反之，老師應傾其所
　　有，教授學生，這才是正確教育的基本原則。

象傳：泉水自山下涓涓而流，會匯聚成河，滋潤萬物，代
　　　表基礎教育不能中斷，這就是「蒙」。君子應果敢
　　　從事教育，培育道德。

建言：有教無類。因材施教。

初六：發蒙，利用刑人，用說桎梏，以往吝。
象傳：利用刑人，以正法也。

初六：初學者在啟蒙期間，老師會使用規條避免學生偏離
　　　學習軌道，猶如犯人桎梏加諸其身，終將其導入正
　　　軌，但若長期使用處罰，則不建議。
象傳：利用刑法懲治處罰罪犯，使其改邪歸正最有效。
建言：嚴厲的教誨仍然有其必要性。

九二：包蒙，吉。納婦，吉。子克家。
象傳：子克家，剛柔接也。

九二：能包容所有蒙昧進行啟蒙教育，吉利。有教無類、
　　　不分性別，根據學生的資質，循循善誘，以最大耐
　　　性教導；以同理心應用於教育後代，讓後代接受良
　　　好的教育，長大成家，吉祥。
象傳：兒子長大繼承家業治家，是世代傳承。
建言：循循善誘，有教無類，是孔子教育的重要思想。

六三：勿用取女，見金夫，不有躬。無攸利。

象傳：勿用取女，行不順也。

六三：啟蒙初學者最忌「欲速則不達」；
　　　三心二意、不專注，妨害學習效
　　　果。好像婦女盲目追求物質，容易
　　　失節於富人，不可娶為妻子。

象傳：不能娶為妻子，因為行為違反中道。

建言：不要見利忘義、見異思遷。

六四：困蒙，吝。

象傳：困蒙之吝，獨遠實也。

六四：會陷入生活困境是因為缺乏基礎教育的緣故。他們
　　　不會帶給社會正面的利益。

象傳：生活會陷入困境，是因為缺乏基礎教育的緣故。他
　　　們容易陷入孤獨及脫離現實。

**建言：脫離現實與三心二意、不專注學習是教育的兩大忌
　　　諱。**

六五：童蒙，吉。

象傳：童蒙之吉，順以巽也。

六五：孩童純潔天真、謙虛接受啟蒙教育，吉祥。因為孩

童容易塑造。

象傳：孩童之啟蒙教育順利，是孩童的天真、謙虛與順從。

建言：教育如同孩童之成長，營養與照顧缺一不可。

上九：擊蒙，不利為寇，利禦寇。

象傳：利用禦寇，上下順也。

上九：嚴厲的處罰學生，像對待犯人一樣，是不被允許的；但對於頑固的學生，有時要給予適當的懲處，以抑止其劣行，是可行的。誘導式學習是被接受的，促使孩童成長順利、教育順利且社會和諧。

象傳：因為嚴厲的學生管理，可以改善學習態度，是師生間彼此互重之緣故。

建言：啟蒙教育寧採嚴格規定，而不使用暴力。

五、需

坎上 乾下

水天需

需：有孚，光亨。貞吉，利涉大川。

象傳：雲上於天，需；君子以飲食宴樂。

需：等待、期待，時候未到，目前應建立人際資源，耐心
　　等候機會出現。等待、期待是建立在真誠之上。真
　　誠，使人光明磊落與亨通；真誠，令人篤實而有所作
　　為。

象傳：雲在天上即將下雨；代表天上有雲尚需要時間等
　　　待，猶如明君之德布施全民百姓，同享安樂。

建言：欲速則不達；養精蓄銳。

初九：需於郊，利用恆；無咎。

象傳：需於郊，不犯難行也；利用恆，無咎，未失常也。

初九：雖有雄心大志，常感嘆時不我予，苦無機會表現才
　　　華，只能有恆等待時機的到來。雖常有困難阻礙在
　　　前，必須隨時保持距離，以保全性命。總而言之，
　　　必須看得開不能輕舉妄動。

象傳：此時，不宜冒險犯難，要耐心在郊區等待機會到
　　　來。這個決定不失常。

建言：不急躁遵守規則。

九二：需於沙，小有言，終吉。

象傳：需於沙，衍在中也；雖有小言，以終吉也。

九二：時機尚未成熟，必須在沙洲上等候。此時許多人對
　　　渡河有各自的方法，莫衷一是。最終有了建設性的
　　　結論，吉祥。

象傳：時機未成熟，須在沙洲上等候。雖然時有流言傷
　　　害，但行中道，仍可化險為夷。

**建言：即使有流言傷害，先擺開混亂之心，持以寬厚之
　　　心，可以克服所有困難。**

九三：需於泥，致寇至。

象傳：需於泥，災在外也；自我致寇，敬慎不敗也。

九三：不察覺其仍處於危難局勢之中，則會陷入困境，等
　　　待救援；猶如陷於污泥之中期待救援。此時若遇強
　　　匪，災禍無法避免。

象傳：不察覺仍處危難局勢、陷污泥之中，表面上災禍是
　　　來自外頭。事實上，是自己對局勢之判斷不當所
　　　致，應更審慎，避免災禍。

建言：忠言逆耳。

六四：需于血，出自穴。

象傳：需于血，順以聽也。

六四：陷困險境，期待救援機會的到來，但身處惡劣的環

境、如同躺在血泊中，對外尋求救援也需要毅力，方能爬出洞穴。

象傳：陷困險境有危險，應冷靜等待機會的到來，聽命指揮，始能脫離險境。

建言：陷於險境，應冷靜以對，而不逞強。

九五：需于酒食，貞吉。

象傳：酒食貞吉，以中正也。

九五：陷困險境，仍自得其樂，若無其事的享用酒食。意喻有德君王應分享酒食於民，因為執著正道。

象傳：陷困險境，仍自得其樂享用酒食，以逸待勞。

建言：臨危不懼。

上六：入于穴，有不速之客三人來，敬之終吉。

象傳：不速之客來，敬之終吉，雖不當位，未大失也。

上六：陷於艱難，洞穴卻來了三位不速之客，此時應冷靜沉著，恭敬相待。既來之則安之，待之以誠，酒酣耳熱，賓主皆歡，最終吉祥。

象傳：應冷靜沉著，恭敬款待，最終吉祥，不會承受大的損失。

建言：不爭一時。

六、訟

天水訟　　　乾上 坎下

訟：有孚窒※，惕，中吉，終凶。利見大人。不利涉大川。

象傳：天與水違行，訟；君子以作事謀始。

訟：訟案大都是誠信或信用遭受到質疑，利益分配不公，
　　如中途能中止訟案是吉祥的。若訟案堅持到最後，將
　　會是一場災難。若有公正大人物從中調停是有利的；
　　反之，持續爭訟就多災難。

象傳：天與水背道而行，君子在一開始就要詳實規劃，避
　　免有訴訟衝突發生。

建言：即使訟案最後勝訴，也不值得讚賞。

初六：不永所事，小有言，終吉。

象傳：不永所事，訟不可長也；雖小有言，其辯明也。

初六：不要長久纏訟，若無力延續訴訟，最好能使訟案儘
　　快終結，吉祥。

象傳：不要長久纏訟，即使有爭執仍可透過辯論方式解
　　決，是非就清楚了。

建言：明白提出說明，避免訟案變成棘手。

九二：不克訟，歸而逋[註3]，其邑人三百戶，無眚[註2]。
象傳：不克訟，歸逋竄也；自下訟上，患至掇[註4]也。

九二：假使訟案無勝算的把握，最好能妥協迅速回家，如
　　　此老家三百戶邑民，將能免除連坐之苦。
象傳：假使訟案處在失利狀態，應息事寧人的妥協回家，
　　　以免困惱。低階控訴高階，還好及時停訟。
建言：枉費心機。

六三：食舊德，貞厲，終吉；或從王事，無成。
象傳：食舊德，從上吉也。

六三：無力爭訟只有靠先人的庇蔭度日，過著與世無爭的
　　　生活，或能有一官半職，但不會有所成就。
象傳：處逆境被迫靠先人的庇蔭度日，安穩過日子。最好
　　　跟隨高階人士較有利。
建言：知足；勿逞能於訴訟事件。

九四：不克訟，復即命，渝[註]，安貞吉。
象傳：復即命，渝，安貞不失也。

註3：逋ㄅㄨ，逃亡。

註4：掇ㄉㄨㄛˊ，摘取。

九四：訟案若無勝算的把握，寧願息事寧人，回歸正道。
　　　改變訴訟想法，回復到正道，就無咎害。

象傳：訟案若無勝算的把握，寧願息事寧人，不再力爭，
　　　回歸到正道。能改變想法，安守正道，就沒有損
　　　失。

建言：水落石出。

九五：訟，元吉。

象傳：訟，元吉，以中正也。

九五：司法案件能公正公平論斷，大吉祥；因為心服口
　　　服。

象傳：司法案件能公正公平論斷，大吉；因為公平且符合
　　　正道。

建言：公正論斷；心安理得。

上九：或錫之以鞶ㄆㄢˊ帶，終朝三褫ㄔˇ之。

象傳：以訟受服，亦不足敬也。

上九：雖藉由勝訟而得到高的祿位，也有可能因做錯事而
　　　在一天內被剝奪三次。

註5：鞶ㄆㄢ ˊ，束衣帶（鞶帶：官服）。

象傳：藉由勝訟得到的榮華富貴，不值得人們尊敬。相反
　　　的，遭到人們唾棄。

建言：自恃其強，爭訟無止，必帶來惡報。

七、師

坤上 坎下

師：貞，丈人吉，無咎。
象傳：地中有水，師；君子以容民畜眾。

師：武力，戰爭。戰爭大都是為了政治目的，而進行武力
　　型態的鬥爭，通常政治意圖大於其他因素。戰爭不
　　外乎為了利益衝突，宗教信仰，民族意識升高，邊界
　　領土資源之爭奪紛爭等。但如果衝突勢在難免，具經
　　驗、專業、沉著穩重、持重的主帥是必要的。戰爭當
　　然會造成災害，傷害百姓，但如果戰爭是出之於正
　　義，將會得到民眾充分支持，不會受到責難。總之，
　　戰爭要有的原則包含 1. 稱職的主帥， 2. 師出有名。
象傳：水在地中，象徵兵源來自於民間，平時各守其業，
　　　一旦發生戰事，挺身而出，這是師卦之義。君子應
　　　能悟解包容寬待人民及蓄養群眾的道理。

建言：任命主帥，決定戰爭的成敗。

初六：師出以律，否臧[pǐ]凶。

象傳：師出以律，失律凶也。

初六：軍隊征戰首重嚴格紀律，軍令沒有貫徹，戰爭注定
會失敗。

象傳：軍隊征戰首重嚴格紀律，沒有嚴格軍紀的軍隊，注
定會失敗。

建言：軍紀是軍隊的靈魂。

九二：在師中，吉，無咎，王三錫命。

象傳：在師中吉，承天寵也；王三錫命，懷萬邦也。

九二：勝任的主帥不僅帶兵南征北討，戰無不勝，攻無不
克，此外在軍中也深得人心，當然吉祥。沒有咎
害，其戰功彪炳，深獲王心，屢獲君王之犒賞與褒
揚。

象傳：主帥戰功彪炳，在軍中深得人心，屢獲君王之賞
識、犒賞與褒揚，因為主帥能安撫萬邦之故。

建言：懷柔而不窮兵黷武。

六三：師或輿[yú]尸，凶。

象傳：師或輿尸，大無功也。

六三：不稱職的主帥，缺乏領導統御的才能，戰場上剛愎
　　　自用，導致全軍覆沒，裹屍回朝，當然凶險。

象傳：折兵損將，裹屍回朝，全然失敗，無功而回。

建言：好大喜功。

六四：師左次，無咎。

象傳：左次無咎，未失常也。

六四：軍隊暫時駐紮到左前方低地，可隨時出擊制敵，這
　　　是兵法戰術，沒有過錯。

象傳：軍隊暫時駐紮到左前方低地，可隨時出擊制敵，這
　　　並不違反用兵常規。

建言：戰爭的藝術運用，沒有過錯。

六五：田有禽，利執言，無咎。長子帥師，弟子輿尸。貞
　　　凶。

象傳：長子帥師，以中行也；弟子輿尸，使不當也。

六五：敵人之侵犯如同鳥獸糟蹋家園，有利出兵抵抗。主
　　　帥師出有名，沒有過錯。若是任用無能的主帥，則
　　　折兵損將，裹尸而回，凶。

象傳：主帥帶兵南征北討，戰無不勝、攻無不克，戰功彪
　　　炳；因主帥力行中道，而無能的主帥折兵損將，裹

尸而回；造成這種結果是不當的派任。

建言：深思熟慮，任用能人。

上六：大君有命，開國承家，小人勿用。

象傳：大君有命，以正功也；小人勿用，必亂邦也。

上六：大臣受命君王之旨意，就有功勳者論功行賞，但無
　　　功者則遣返，不可以重用。

象傳：大臣受命君王旨意，就有功勳者論功行賞，但無功
　　　者不可以重用，因為將會製造動亂。

建言：賞罰分明以正人心。

八、比

水地比　　坎上 坤下

比：吉。原筮，元永貞，無咎。不寧方來，後夫凶。

象傳：地上有水，比；先王以建萬國，親諸侯。

比：親密，互相依靠，吉祥。比卦講求相親相輔，能始終
　　堅貞不渝、堅守正道，不會有過。自我感覺不安寧、
　　不穩定之邦國，才來投靠加入盟邦，以求依附。少數

持續觀望又姍姍來遲者已經太晚了，因為他們不可信賴，會有凶險。

象傳：水在地上流向四方，象徵水與土互相依附，親密，土因水流而濕潤。先王領悟親比之象，依其建樹，分封爵位，親近諸侯。

建言：廣結善緣。

初六：有孚比之，無咎。有孚盈缶ᵕ，終來有它吉。

象傳：比之初六，有它吉也。

初六：以真誠親比去依附，沒有錯；如同以美酒招待貴賓，最後會有意想不到的吉祥到來。

象傳：一開始就用真誠依附，會有意想不到的吉祥到來。

建言：誠信越多，快樂越多。

六二：比之自內，貞吉。

象傳：比之自內，不自失也。

六二：親附要出自內心，而且具自願性；堅持守正必然吉祥。

象傳：發自內心親附大人物，自然不會困惑，不失去自己的立場。

建言：親附大人應發自內心，不可居心叵測。

六三：比之匪人。
象傳：比之匪人，不亦傷乎？

六三：親附到不該親附的人，要小心謹慎。
象傳：親附不得其人，不令人悲嗎？
建言：交友不慎，無異玩火自焚。

六四：外比之，貞吉。
象傳：外比於賢，以從上也。

六四：擴大視野，向外依附有德之人，堅持守正，吉祥。
象傳：擴大視野，向外依附有德之人，有利結交高尚人
　　　士，提升氣質。
建言：近朱者赤，近墨者黑。

九五：顯比，王用三驅，失前禽，邑人不誡，吉。
象傳：顯比之吉，位正中也；舍逆取順，失前禽也。邑人
　　　不誡，上使中也。

九五：顯比是君王心胸寬闊，有中正之德，所有鄰邦都願
　　　意前來親附；猶如君王在森林裡打獵，僅圍捕三面
　　　（後、左、右），獨留一面（前），讓獵物逃跑。
　　　邑民對君王毫無戒心，因為君王心胸寬闊，對犯錯

者，都網開一面，吉祥。

象傳：顯著的親附，吉祥。鄰邦都願意前來親附，因為君
王具中正之德。行獵時，情願放棄逆向獵物，讓獵
物自前方逃走。邑民對君王不會有戒心，因為君王
在上，行中道之德授意行事。

建言：不趕盡殺絕，留活口。

上六：比之無首，凶。

象傳：比之無首，無所終也。

上六：有意親附卻優柔寡斷，像遊民般凶險。親附時間很
重要，如錯失親附的機會，將悔不當初；因此，親
附須要把握機會，要插頭香，不能遲疑。

象傳：親附一開始就不確定，優柔寡斷，最終無依無靠，
不會有好結果的。

建言：悔不當初。

九、小畜

風天小畜 巽上 乾下

小畜：亨。密雲不雨，自我西郊。

象傳：風行天上，小畜；君子以懿文德。

小畜：小畜積，吉祥。厚厚雲層自西方郊區飄過來，卻不
見下雨，表示力不及心。意喻百姓對君王之期望落
空了。

象傳：風行於天，萬物渴望藉助風之吹襲散播種子以繁衍
後代。本卦之意涵，君子領悟到及時提升文藝與修
德，以備不時之需。

建言：功德圓滿。

初九：復自道，何其咎？吉。

象傳：復自道，其義吉也。

初九：接受別人的建言，悔悟反求諸己，自我反省，返回
正道，這無過錯。吉祥。

象傳：能克制自己，反求諸己，改善不足的部份，返回正
道。吉祥。

建言：克己復禮。

九二：牽復，吉。

象傳：牽復在中，亦不自失也。

九二：與志同道合攜手合作，回歸正道，吉祥。意喻當遇
　　　到困難或阻礙時，宜與志同道合攜手合作克服。

象傳：與志同道合之士合作，不偏離正道，就不會迷失自
　　　己。

建言：突破困境。

九三：輿說輻。夫妻反目。

象傳：夫妻反目，不能正室也。

九三：身處逆境時，夫妻往往因此疏遠失和，猶如車身與
　　　車軸脫離，很難回復。

象傳：夫妻反目失和時，形同陌路，丈夫無力端正、制衡
　　　其家庭。

建言：家和萬事興。

六四：有孚，血去惕出，無咎。

象傳：有孚惕出，上合志也。

六四：有誠信與人交往，就能免除血光災害與恐懼，因為
　　　至誠，沒有咎害。

象傳：由於真誠免除血光災害與恐懼，其行事得到君王的
　　　信賴。

建言： 透過心智的溝通降低誤解。

九五：有孚攣ᵘ如，富以其鄰。

象傳：有孚攣如，不獨富也。

九五：能夠去除個人欲望，至誠與志同道合者攜手合作，
　　　自己擁有財富與地位，也讓鄰人富有。

象傳：以真誠與志同道合者攜手前進，不只自己擁有財
　　　富，也讓鄰人富有。

建言：同心同德，創造大富。

上九：既雨既處，尚德載ᵃᵢ；婦貞厲，月幾望；君子征凶。

象傳：既雨既處，德積載ᵃᵢ也；君子征凶，有所疑也。

上九：降雨了，雨水蓄積達到了某一定程度，應小心疏浚
　　　或蓄積，不可貪心不足，應重視德行之累積。妻不
　　　應約束丈夫太多而傷其自尊，就像從滿月到新月；
　　　君子如果不知自我節制，也無法免除災禍。

象傳：雨水蓄積到了一定程度，應小心疏浚或蓄積，不可
　　　貪心不足，應重視德行之累積。如果仍不知適可而
　　　止的道理，其後之發展令人質疑。

建言：適可而止。

十、履

天澤履　　　乾上 兌下

履：履虎尾，不咥_{ㄉㄧㄝ}人，亨。
象傳：上天下澤，履；君子以辨上下，定民志。

履：履行，走在老虎尾之後，但老虎沒有咬人，幸運。意
　　喻世風日下，人心不古，好像生活在危險之中。行事
　　做人要小心防患災禍，如履薄冰。
象傳：天在上，湖在下。象徵尊卑有別，君子應效法，指
　　　引百姓遵循禮制。
建言：言行舉止不應違背風情民俗，遵循禮制，民安物
　　　阜。

初九：素履，往無咎。
象傳：素履之往，獨行願也。

初九：過著儉樸實在的生活，沒有禍害。
象傳：過儉樸實在的生活，與人交往待物不虛假，以實現

自己的願望。

建言：以真誠、質樸踏入社會，與人相處不虛假，不會有
咎害。

潔身自好。

九二：履道坦坦，幽人貞吉。

象傳：幽人貞吉，中不自亂也。

九二：以守正自持生活，猶如走在平坦之道，心胸坦蕩，
過著恬靜自在的隱居生活，不會迷失，自然吉祥。

象傳：守正自持，過著幽靜自在的隱居生活，不被世俗所
迷惑，吉祥。

建言：道不同，自是不相為謀。
與世無爭。

六三：眇能視，跛能履，履虎尾，咥人，凶。武人為于大
君。

象傳：眇能視，不足以有明也。跛能履，不足以與行也。
咥人之凶，位不當也。武人為於大君，志剛也。

六三：獨眼龍視力不佳，卻自信視力良好；跛人卻自信能
行動自如，畢竟他們是殘障之人，卻自不量力，不
慎會踩到老虎尾巴，被老虎咬。又像武人企圖自立

為王，是非常危險的。

象傳：獨眼龍視力不佳，卻自信其視力良好；跛人卻自信
　　　能行動自如。畢竟他們是殘障之人，其不合邏輯的
　　　想法，像是會不慎踩到老虎尾巴，被老虎咬一樣，
　　　也像武人妄想企圖自立為王，自不量力。

建言：不自量力很危險。

九四：履虎尾，愬[6]愬，終吉。

象傳：愬愬終吉。志行也。

九四：戒慎如履薄冰，避免踩到老虎尾巴，危機也會變成
　　　轉機，最後可獲吉祥。

象傳：小心翼翼，以免踩到老虎尾巴，吉祥。行事戒慎有
　　　分寸，最後可以實現願望。

建言：應有危機意識。

九五：夬履，貞厲。

象傳：夬履貞厲，位正當也。

九五：能夠快速果決處理事情未必不好，但如果獨斷粗
　　　暴、不講禮，即使守正也很危險。

註 6：愬 ㄙㄨˋ，驚恐。

象傳：不能因為才高位高，粗暴不講禮而恣意妄為，這是
　　　危險的。
建言：慎重從事。
**　　　決定事情太武斷是危險的。**

上九：視履考祥，其旋元吉。
象傳：元吉在上，大有慶也。

上九：一生的禍福在於其功德是否圓滿，如果通盤檢視過
　　　往都是正面的，真是大吉大利。
象傳：人生大吉大利，端視其功德至最終是否圓滿。
建言：珍惜過往，策勵將來。

十一、泰

地天泰　　坤上 乾下

泰：小往大來，吉，亨。
象傳：天地交，泰；后以財成天地之道，輔相天地之宜，
　　　以左右民。

泰：通達，小往大來。泰卦代表農曆元月，旺盛陽氣始於

　　元月，氣候漸漸溫暖，萬物滋長。意喻君子得勢，小
人勢弱，卦象代表吉祥，亨通。

象傳：天地相互感應，萬物欣欣向榮，國泰民安，君王領
　　　悟到天地自然法則，制定律法制度與生活作息，使
　　　人民安泰。

建言：依自然定律而行，萬物亨通。

初九：拔茅茹，以其彙。征吉。

象傳：拔茅征吉，志在外也。

初九：集中力量把茅茹連根拔起，就像結合志同道合者開
　　　創新局。吉祥。

象傳：集中力量把茅茹拔起，就像結合志同道合者開創新
　　　局；象徵吉祥，因為心志團結向外。

建言：眾志成城。

九二：包荒，用馮河；不遐遺，朋亡，得尚于中行。

象傳：包荒，得尚于中行，以光大也。

九二：雍容大度，甚至有膽識徒步過河，不遺棄遠來賢
　　　者，臣子不結黨營私，任何事都能符合中道。

象傳：雍容大度，任何事都符合中道，主要是他正大光明
　　　之緣故。

建言：不念舊惡。

九三：無平不陂ㄆㄧ，無往不復；艱貞無咎；勿恤其孚，于食
　　　有福。
象傳：無往不復，天地際也。

九三：沒有一條平坦之路是沒有斜坡的，沒有一條直行之
　　　路是沒有轉彎的，有困難，終因持正而無禍害。如
　　　果能夠誠信與誠正，就不用担心衣食問題，因為自
　　　有福氣接受到賞賜。
象傳：沒有一條直行之路是沒有轉彎的，這個道理與自然
　　　現象之循環一樣。
建言：至誠就有福分。

六四：翩翩，不富以其鄰，不戒以孚。
象傳：翩翩，不富，皆失實也。不戒以孚，中心願也。

六四：輕浮的人作事不腳踏實地，一生注定不會富有，甚
　　　至影響到鄰里；他從來不會感覺到以真誠為誠。
象傳：輕浮的人一生注定不會富有，因為奢侈浪費，從來
　　　不會感覺到以真誠為誠，真是自取滅絕。
建言：動機無私容易形成共識。
　　　自甘墬落。

六五：帝乙歸妹，以祉*元吉。

象傳：以祉*元吉，中以行願也。

六五：君王同意以一般婚禮將女兒下嫁給賢臣，這是大喜
　　　事。

象傳：君王如此謙虛對待臣民，所得之大福是其行使中道
　　　心願所致。

建言：破除門當戶對是難能可貴的。

上六：城復于隍，勿用師，自邑告命。貞吝。

象傳：城復于隍，其命亂也。

上六：城牆倒塌於壕溝之中，象徵局勢陷於衰敗，此時不
　　　宜興師征戰，而應休養生息。君王應宣佈廢除不適
　　　用規章，以免憾事發生。

象傳：城牆倒塌壕溝中，象徵國運走向衰敗了。

建言：持盈保泰。

十二、否

乾上 坤下

天地否

否：否之匪人，不利君子貞，大往小來。
象傳：天地不交，否；君子以儉德辟[2]難，不可榮以祿。

否：代表閉塞，世道不通，人道也不暢通；此時小人得
　　勢，君子宜收斂，避免災禍。
象傳：天地沒有交集，閉塞，彼此沒有互動。君臣之間存
　　　在隔閡，君子不應恣意顯露才華，避免災禍臨身，
　　　也不追求高官厚祿。
建言：突破困境，追求好運。
　　　否極泰來。

初六：拔茅茹，以其彙，貞吉，亨。
象傳：拔茅貞吉，志在君也。

初六：處小人得勢時期，小人結黨營私，君子應團結消除
　　　小人，如同拔茅草連根拔除。吉祥。
象傳：消除小人如同拔茅草連根拔除，君子們應團結起來
　　　徹底驅逐小人。
建言：團結一致驅逐小人。

六二：包承。小人吉，大人否。亨。
象傳：大人否亨，不亂群也。

六二：處小人得勢時期，小人喜好逢迎奉承拍馬，享受榮
　　　華富貴。但君子篤行中道，不會被小人包圍；吉
　　　祥。

象傳：時局越艱困，他更持正，不會與小人為伍。

建言：獨善其身。

六三：包羞。

象傳：包羞，位不當也。

六三：局勢仍處小人得勢時期，因為小人已被縱容到目無
　　　法紀程度，不會感到羞愧。

象傳：局勢仍處小人得勢時期，小人目無法紀，他們不會
　　　因為卑劣行為而蒙羞。他們的作為的確違背良心，
　　　應受譴責。

建言：縱容等於幫助犯罪。

九四：有命，無咎，疇離祉。

象傳：有命無咎，志行也。

九四：小人得勢一段時期後，局勢會有所轉變，應有扶危
　　　濟困的心志與使命感；沒有咎害。許多同志前來依
　　　附，共享福祉。

象傳：小人得勢一段時期，局勢會有所轉變。應有扶危濟

困的心志與使命感，許多志同道合將前來依附，達成所望。

建言：群策群力，出現轉機。

九五：休否，大人吉。其亡其亡，繫於苞桑。

象傳：大人之吉，位正當也。

九五：小人得勢將結束，吉祥。時局轉好，君子強烈意識到國家安危，如同桑樹之根深蒂固。

象傳：小人得勢將結束，即將回復到承平時期；吉祥，吉祥是大人物守正的緣故。

建言：深謀遠慮。

　　　居安思危。

上九：傾否，先否後喜。

象傳：否終則傾，何可長也。

上九：否運已經結束，否極泰來。

象傳：小人得勢已過，值得慶賀，不能讓小人繼續存在。

建言：邪不勝正。

十三、同人

天火同人　　乾上 離下

同人：于野，亨。利涉大川，利君子貞。
象傳：天與火，同人；君子以類族辨物。

同人：同心協力，聚集志同道合於原野，敞開心胸，誠信
　　　無私，吉祥。有利克服困難，君子守正，吉祥。
象傳：天與火相互依附，和諧形成同人。君子因而辨明人
　　　類族群之類別。
建言：存異求同。

初九：同人于門，無咎。
象傳：出門同人，又誰咎也？

初九：剛踏出門就能與不同階層的人合作交朋友，視路人
　　　如家人，如此無人會責怪他。
象傳：君子能走出家門，尋求志同道合同志，實現其共同
　　　志向，如此無人會責怪他。
建言：打破門戶之見。

六二：同人于宗，吝。
象傳：同人于宗，吝道也。

六二：僅尋求與宗人合作是狹隘的，日後會有遺憾。
象傳：僅與宗人合作容易有弊。
建言：有遠見是成功要素之一。

九三：伏戎于莽，升其高陵，三歲不興。
象傳：伏戎于莽，敵剛也；三歲不興，安行也。

九三：紮營草叢中備戰，登高岡監視敵情，三年來多所顧
　　　慮沒有攻擊。
象傳：因為敵軍火力強大，三年來僅紮營於草叢中，不期
　　　望凱旋，因為安於現狀所致。
建言：畢竟有勇無謀是成不了事的。

九四：乘其墉，弗克攻，吉。
象傳：乘其墉，義弗克也；其吉，則困而反則也。

九四：登高至城牆，想伺機而攻擊，但思考後還是撤兵，
　　　因為打贏的未確定因素很大。吉祥。
象傳：登高至城牆，想伺機而攻擊，義理上由於沒有勝
　　　算，因而沒有進行攻擊。吉祥是能夠在困境中反

省，回復正道。

建言：自知之明。

　　　懸崖勒馬。

九五：同人先號咷而後笑，大師克相遇。

象傳：同人之先，以中直也；大師相遇，言相克也。

九五：起先悲傷大聲痛哭受到侵略，急尋求盟主支援，後
　　　來破涕為笑，原來是增援部隊及時趕到戰勝敵人。

象傳：心中先有真誠中道之心，尋求支援擊潰敵人。

建言：雨過天晴。

上九：同人于郊，無悔。

象傳：同人于郊，志未得也。

上九：到近郊去與志同道合同志會合，如此做不會有遺
　　　憾。

象傳：到近郊去與志同道合同志會合，但是其志願尚未達
　　　到。

建言：有志未伸。

十四、大有

離上 乾下
火天大有

大有：元亨。
象傳：火在天上，大有；君子以遏惡揚善，順天休命。

大有：大有收穫，謙虛與臣民交往，廣施恩惠於民，物阜
　　　民豐，得民心，這就是大有。
象傳：火在天上，陽光普照每個角落，表示大有收穫。在
　　　君王的光環下，君子應防止邪惡發生，倡導善行，
　　　遵循自然法則，求得好運。
建言：無私的奉獻，追求大富大有的境界。

初九：無交害，匪咎，艱則無咎。
象傳：大有初九，無交害也。

初九：與人和睦相處，不涉及利益衝突，不會有災。常存
　　　戒慎恐懼之心，沒有驕橫，一定可以克服困難，無
　　　咎害。
象傳：不與人互動交往是不利的。
建言：創業惟艱，但人情世故不可忽略。
**　　　和睦千秋萬世。**

九二：大車以載，有攸往，无咎。

象傳：大車以載，積中不敗也。

九二：君子不僅追求獨善其身，還要兼善天下，就像一部
　　　裝滿貨物的車子往目的地行進。意喻有目標，不間
　　　斷的進展才是大有。

象傳：若駕駛持正，貨車一定能準時抵達。意喻能寬容才
　　　是大有。

建言：任重道遠。

九三：公用享于天子，小人弗克。

象傳：公用享于天子，小人害也。

九三：王公貴族定期奉獻給君王，以示對君王感恩。但小
　　　人卻因大有而驕橫，因為他們吝惜所有。

象傳：王公貴族定期奉獻給君王，以示感恩，但如果小人
　　　富有，他們私天下，往往為富不仁，被物欲所害。

建言：飲水思源。

九四：匪其彭，无咎。

象傳：匪其彭，无咎。明辨晢也。

九四：謙虛自處，抑制私欲，不炫耀其大有，沒有過錯。

君子不藉勢藉端，因為他懂得明哲保身。

象傳：謙虛自處，抑制私欲，不炫耀其大有，沒有過錯；
　　　因為他有智慧明辨這個道理。

建言：滿招損、謙受益。

六五：厥孚交如，威如，吉。

象傳：厥孚交如，信以發志也；威如之吉，易而無備也。

六五：雖處高位，仍以至誠信實對待上下，其謙虛不失威
　　　嚴，吉祥。

象傳：雖處高位，仍以至誠信實對待上下，其誠信啟發他
　　　人的共鳴。其威信是透過謙遜的行為而得，不是做
　　　作出來的。

建言：恩威並施。

上九：自天祐之，吉無不利。

象傳：大有上吉，自天祐也。

上九：為君之道，須涵養德行，與臣民分享財富與幸福，
　　　以符合正道。其大有來自天之祐福，吉祥，沒有不
　　　利。

象傳：大有來自天之祐福。事實上，個人之言行是否符合
　　　中道，決定了福祉。

建言：大有的真諦是不誇耀財富，待人接物極其謙虛的，
　　　因此財富代代延續。

十五、謙

地山謙　　坤上 艮下

謙：亨，君子有終。

象傳：地中有山，謙；君子以裒多益寡，稱物平施。

謙：謙遜；謙的態度是對自己的才華、成就不誇耀，極其
　　謙虛，且能接受他人的批評。謙虛使人亨通，君子能
　　夠始終謙虛如一，就是謙道。

象傳：山在地中，代表即使卑賤謙虛，也不可違背原則，
　　　君子悟及「減多餘，補不足」之義理，使事情公
　　　平，人人平等。

建言：貧賤不能移。

初六：謙謙君子，用涉大川，吉。

象傳：謙謙君子，卑以自牧也。

初六：謙虛的君子因謙虛而能克服險阻，解決問題，吉

祥。

象傳：他以謙卑之心自我抑制行為，就像牧牛時，以繩索
　　　控牛鼻一樣，自我約束。

建言：謙虛並不是消極地一味承讓，而是積極的態度。

六二：鳴謙，貞吉。
象傳：鳴謙，貞吉，中心得也。

六二：謙虛之美德，聲名遠播，得到共鳴，若能堅守正
　　　道，一定吉祥。
象傳：謙虛之德，聲名遠播，得到共鳴，完全出自內心，
　　　而不是刻意做作的。

建言：出自內心的謙虛是純正與持正的。

九三：勞謙君子，有終，吉。
象傳：勞謙君子，萬民服也。

九三：君子有了功勞，始終謙虛，不居功，值得讚賞，吉
　　　祥。
象傳：君子有功勞，始終謙虛，其奉獻與信任，贏得萬民
　　　支持。

建言：任勞任怨又謙虛，是難能可貴的。

六四：無不利，撝[7]謙。
象傳：無不利，撝謙，不違則也。

六四：拒絕過度的謙虛，是無往不利的。
象傳：拒絕過度的謙虛，是無往不利的，這並不違背原
　　　則。
建言：過度的謙虛，等於不夠真誠。

六五：不富以其鄰，利用侵伐，無不利。
象傳：利用侵伐，征不服也。

六五：君王不會自享財富，經常分享其資源給功臣，有不
　　　服者，派兵鎮服， 無往不利。
象傳：有不服者，君王派兵鎮服，無往不利。
建言：所有爭端不得不訴諸武力解決，不一定是錯的。

上六：鳴謙，利用行師，征邑國。
象傳：鳴謙，志未得也；可用行師，征邑國也。

上六：靠謙德之共鳴，出征叛逆或不臣服之鄰邦，是有利
　　　的。

註 7：撝ㄏㄨㄟ = 揮，把內在能力表現出來。

象傳：如果統合鄰邦的心志，尚未得到解決，懲罰性的征伐就無可避免，只好訴諸武力。

建言：謙虛要有積極的作為，以完成任務。

十六、豫

雷地豫　　震上 坤下

豫：利建侯行師。

象傳：雷出地奮，豫；先王以作樂崇德，殷薦之上帝，以配祖考。

豫：歡愉。此時國泰民安，有利君王冊封侯爵或對反叛者出征用兵。

象傳：春雷響，萬物復甦。先王領悟自然之象，模仿雷聲，制作鼓樂，歌功頌德，獻祭給上天與歷代祖先。

建言：生於憂患，死於安樂。

初六：鳴豫，凶。

象傳：初六鳴豫，志窮凶也。

初六：耽於玩樂，不知道節制，惡名遠播，會有凶險。

象傳：耽於玩樂，不知道節制，將惡名遠播，因為其志已
　　　窮，不會有甚麼希望。

建言：得意忘形。

六二：介于石，不終日，貞吉。
象傳：不終日，貞吉，以中正也。

六二：待人處事貞正，剛毅正直，耿介如石，他人沉溺於
　　　娛樂之中，但其卻能抑制自我，適可而止，吉祥，
　　　因為貞固。
象傳：能在一日之內對沉溺娛樂遠離，吉祥。吉祥歸因於
　　　他行中正之德。

建言：適可而止。

六三：盱[8]豫，悔；遲，有悔。
象傳：盱豫有悔，位不當也。

六三：自私自利，逢迎上司，並伺機獻殷勤，以追求安
　　　樂，會有悔恨。如果不及時修正，將有更多悔恨。
象傳：自私自利，逢迎上司，並獻殷勤，以追求安樂，會
　　　有悔恨；因為行為不貞正的緣故。

註8：盱ㄒㄩ，張眼看。

建言：巧言令色鮮矣仁。

九四：由豫，大有得，勿疑。朋盍簪。
象傳：由豫，大有得，志大行也。

九四：成長在一個寬裕的家庭，過著樂觀舒適的生活，與
　　　朋友友善地分享快樂，並得到信任，當然很快就大
　　　有所得。因為正直與守正，彼此真誠快樂的結合而
　　　無疑慮，就像髮簪把頭髮緊緊束起來一樣。
象傳：成長在一個寬裕的家庭，過著樂觀舒適的生活，將
　　　大有所穫，因為心志將得以實現。
建言：得道多助，失道寡助。

六五：貞疾，恆不死。
象傳：六五貞疾，乘剛也；恆不死，中未亡也。

六五：君王耽於安樂，縱慾酒色，荒廢政務。小人趁火打
　　　劫，獨攬大權，情勢變得壞到難以收拾。正道生
　　　病，君王無所作為，好像有人得了重病，長期臥病
　　　在床。
象傳：君王耽於安樂，荒廢政務；雖然在位，但實際上等
　　　於被架空，王朝名存實亡。
建言：生於憂患，死於安樂。

上六：冥豫成，有渝無咎。

象傳：冥豫在上，何可長也？

上六：君王荒廢政務，耽於安樂到了極點，變成昏庸無能，無所作為，成天昏昏沉沉，如果能及時改過，其政權仍有救的。

象傳：君王沉溺私慾至極，如何挽救這種頹勢？

建言：樂極生悲，改過向善。

十七、隨

澤雷隨　兌上 震下

隨：元、亨、利、貞，無咎。
象傳：澤中有雷。隨；君子以嚮晦入宴息。

隨：跟隨，隨和。謙虛、對人隨和，相對地別人也相互隨
　　和。隨亦有四德：元、亨、利、貞，因此沒有禍害。
象傳：湖中有雷，君子跟隨著循環不息之自然現象，白天
　　　努力勤奮工作，入夜則休息。
建言：跟隨大自然的現象，順勢而為。

初九：官有渝，貞吉，出門交有功。
象傳：官有渝，從正吉也；出門交有功，不失也。

初九：有人事異動而不慍，因為時空將改變人們的觀點與
　　　想法。如果堅守正道就吉祥，再者應走出戶外與人
　　　交往，隨和於人，有利身心健康與見識之擴大。
象傳：從正道觀點看人事變遷，吉祥。能走出戶外與人交
　　　往，隨和於人，不會有過失。
建言：消除門戶之見，能變通，但不偏離正道原則。

六二：係小子，失丈夫。
象傳：係小子，弗兼與也。

六二：因為眼前的利益，而親近權貴，卻相對的疏遠庶
　　　民。不可能同時擁有兩方或多方的利益，否則會因
　　　小失大。意喻盲目的追求或貪婪眼前的利益，卻失
　　　去未來的好處，是不智的。
象傳：與庶民交往就是疏遠權貴，魚與熊掌不可兼得。
建言：因小失大。

六三：係丈夫，失小子，隨有求得，利居貞。
象傳：係丈夫，志舍下也。

六三：親近權貴，自然就會疏遠庶民。雖然跟隨權貴會得
　　　到利益，但堅持守正道，才是最上策。
象傳：親近權貴就是遺棄庶民，這是他個人的心志。
建言：留得青山在，不怕沒柴燒。

九四：隨有獲，貞凶。有孚在道，以明，何咎？
象傳：隨有獲，其義凶也；有孚在道，明功也。

九四：追隨權貴必有所得，雖然正道，災禍在所難免，但
　　　其至誠與清廉，這不會有過錯。

象傳：追隨權貴必有所獲，義理上災禍在所難免，但追隨
　　　者之誠信合乎正道，也明白明哲保身的道理。

建言：因禍得福。

九五：孚于嘉，吉。
象傳：孚于嘉，吉，位正中也。

九五：受到肯定、信任與讚嘆，因為真誠地追隨大人物，
　　　吉祥。
象傳：受到肯定與信賴，是因為中庸與守正，並追隨大人
　　　物之嘉行。

建言：從善若流。

上六：拘係之，乃從；維之，王用亨于西山。
象傳：拘繫之，上窮也。

上六：全民隨和，難免會有不從者，君王不得不使用武力
　　　使其歸順服從；君王以真誠祭祀於宗廟感化他們。
象傳：君王不得不強制違逆者臣服，這是不得已的事。

建言：有些激烈措施不得不用，也是無可奈何的事。
**　　　不到黃河，心不死。**

十八、蠱

艮上 巽下

山風蠱

蠱：元亨。利涉大川，先甲三日，後甲三日。
象傳：山下有風，蠱；君子以振民育德。

蠱：除弊革新。匡弊治亂。一開始就能大刀闊斧去執行，
　　大吉。為使政治清明，吏治整頓是首務，猶如涉越大
　　江河，須有斷然的決心。新政令實施初期，要一再宣
　　導，避免意外發生，接著要有監督與改正措施。
象傳：風吹向山下，表示匡治弊端，君子應振奮民心，培
　　育道德。
建言：除弊革新，匡弊治亂，一開始就要大刀闊斧去執
　　　行。

初六：幹父之蠱，有子，考無咎，厲，終吉。
象傳：幹父之蠱，意承考也。

初六：幸有才幹的兒子，承擔匡正先父所造成的弊病，免
　　使先父遭受責難，但整飭難免有困難與危險。消除
　　先父之弊病以告慰先父，繼承家業，吉祥。
象傳：兒子承擔匡正先父所造成弊病，重振家風，承續先

父之志。

建言：功過相抵。

　　　所有問題不可全歸咎於別人或藉口推辭。

九二：幹母之蠱，不可貞。

象傳：幹母之蠱，得中道也。

九二：兒子去修正從父親手中接手家業的母親，是不當的。從正道立場而言，兒子重振家風態度要中肯，須兼顧到情份的問題，不能傷害到母親。

象傳：修正母親所造成的弊病，應中肯。須兼顧到情分，掌握中庸的原則。

建言：輕重緩急。

九三：幹父之蠱，小有悔，無大咎。

象傳：幹父之蠱，終無咎也。

九三：兒子急著匡正先父之弊病，難免會碰到阻礙與打擊。即使小有悔恨，但終究無災。因為能克服困難，才不會發生大的問題。

象傳：兒子匡正先父之弊病，畢竟不會有過錯。

建言：只要是名正言順，就應無悔去完成。

六四：裕父之蠱，往，見吝。

象傳：裕父之蠱，往未得也。

六四：對於過往先父之弊病疏失，過於寬容會有災害，繼
　　　續下去會有悔恨。

象傳：過於寬容先父過往之弊病疏失，如果長期這樣下
　　　去，對於改革有期待是不可能的。

建言：嚴以律己，寬以待人。

六五：幹父之蠱，用譽。

象傳：幹父用譽，承以德也。

六五：以中正之道，匡正先父過往之疏失，而得到讚譽。

象傳：以中正之道，匡正先父過往之疏失，這是承續先人
　　　之美德。

**建言：任用賢德之人，除弊革新，匡弊治亂，一開始就要
　　　大刀闊斧地執行。**

上九：不事王侯，高尚其事。

象傳：不事王侯，志可則也。

上九：匡正弊病不是追求名利祿位，只是高尚其志，淡泊
　　　自己。

象傳：君子淡泊自己，不眷戀官位，高尚其志，其崇高的
　　　志向是值得效法的。

建言：功成身退。

十九、臨

坤上 兌下

地澤臨

臨：元、亨、利、貞。至於八月有凶。

象傳：澤上有地，臨；君子以教思無窮，容保民無疆。

臨：領導統御，君臨天下，以德服人。四德包含元亨利
　　貞，意喻改革後的初期凡事皆順，但改革要持續落
　　實，不能半途而廢。當到了八月陽氣漸衰，警示事情
　　容易變調，重要事項要妥善處理。

象傳：地在水澤上，象徵居上臨下。君子體會要勤於教化
　　　人民，盡最大包容於民，護衛人民，皆屬其應盡之
　　　責。

建言：有始有終。

**　　　抓住機會，因為它會消失於一瞬間。**

初九：咸臨，貞吉。

象傳：咸臨貞吉，志行正也。

初九：新君王上任，謙遜感召人民，人人順服，君臨天
　　　下，國泰民安。
象傳：新君王上任，謙遜感召人民，人人順服，因為心
　　　志，行為誠正的緣故。
建言：彼此自然地相互感應，這是領導統御。

九二：咸臨，吉，無不利。
象傳：咸臨，吉，無不利，未順命也。

九二：以感召的方式統率，駕御人民，吉祥，無不利。
象傳：以感召的方式統率，駕御人民，吉祥，無不利，因
　　　為不向時勢低頭。
建言：恩威並施。

六三：甘臨，無攸利；既憂之，無咎。
象傳：甘臨，位不當也；既憂之，咎不長也。

六三：統治者對人民甜言蜜語，言不由衷，最後喪失威
　　　信，招來怨恨。如果能省悟改正過來，就不會有災
　　　禍。
象傳：統治者能覺察到過錯，災禍就不會長久。

建言：再也沒有比失信於民更糟的事。

六四：至臨，無咎。
象傳：至臨，無咎，位當也。

六四：深入基層民眾，親自溝通政務，他的真誠確實鼓舞
　　　了士氣，不會有錯。
象傳：深入民眾基層，親自溝通政務，在其位應謀其政。
建言：有時候，事必躬親未必不對，尤其是重大事故。

六五：知臨，大君之宜，吉。
象傳：大君之宜，行中之謂也。

六五：聰明的君王對人民廣泛瞭解，以智慧君臨天下，吉
　　　祥。
象傳：聰明的君王對人民廣泛的瞭解，以智慧君臨天下，
　　　克盡其天職，行使中道之德。
**建言：上層的領導統御是任用賢能，並授權以解決人民問
　　　題；能集合群賢智慧，既不必事事躬親處理，也不
　　　會遠離人民。**

上六：敦臨，吉，無咎。

象傳：敦臨之吉，志在內也。

上六：以敦厚包容之心胸治理天下，吉祥。
象傳：以敦厚包容之心胸治理天下，吉祥。因為君王用盡
　　　心意地關心其境內的人民。
建言：**以敦厚包容之心胸，處處為人著想，不幸災樂禍，**
　　　不冷言冷語，不落井下石。

二十、觀

風地觀 巽上 坤下

觀：盥而不薦，有孚顒若。
象傳：風行地上，觀；先王以省方，觀民社教。

觀：觀察，觀察入微。即使在祭品尚未奉獻前，祭祀者淨
　　手的態度，已可感受到祭祀的虔誠態度。
象傳：風吹地面，代表古代君王視察民情像風的吹襲，凡
　　　事顧及全面，據以教化人民。
建言：**教化百姓前，仔細且全面性的觀察民意，是執政的**
　　　指標。

初六：童觀，小人無咎，君子吝。
象傳：初六童觀，小人道也。

初六：孩童的見識與小人相當相似，膚淺之見兩者無異。
　　　小人有如孩童般的短視，尚可理解，但對君子而
　　　言，就會受到羞愧之辱。
象傳：孩童之見，無異是小人之淺見短視。
建言：觀察事務不能不從大局看，要有遠見。

六二：闚觀，利女貞。
象傳：闚觀，女貞，亦可醜也。

六二：從門中窺探戶外，僅能看到局部，而不是全部。這
　　　對女子的矜持，尚可接受。
象傳：從門中窺探戶外，僅能看到局部，而不是全部。這
　　　對女子的矜持尚可接受，但對君子卻是一種羞辱。
建言：觀察事務，心胸不能狹窄。

六三：觀我生，進退。
象傳：觀我生進退，未失道也。

六三：認真觀察自己，作為決定進退之依據。
象傳：認真觀察自己，作為決定進退之依據，如此就不會

偏離正道了。

建言：自我檢討反省。

**　　　俯仰不愧於人。**

六四：觀國之光，利用賓于王。

象傳：觀國之光，尚賓也。

六四：仔細觀察一國之風俗、政績與民情，立即知道該國
　　　之政治社會情況，提供賢能者有利資訊，以貢獻朝
　　　廷。

象傳：仔細觀察一國之風俗、政績與民情，立即可知道該
　　　國之政治社會情況，提供賢能者有利資訊，以決定
　　　是否從政。

建言：進入公務生涯前，要觀察民意與民間疾苦。

九五：觀我生，君子無咎。

象傳：觀我生，觀民也。

九五：若君王能在政績與民意上自我省思，就不會有禍
　　　害。事實上，民意之觀察指數是人民對政府滿意度
　　　的指標。

象傳：觀察民意，就可知道自己的施政表現。

建言：政治人物自我檢視，須與民意調查相結合。

上九：觀其生，君子無咎。
象傳：觀其生，志未平也。

上九：人們都聚焦於上位之作為，如果守正，沒有私欲，
　　　就不會遭到責難。
象傳：高官時時被人民觀察與檢驗，即使心志尚未實現也
　　　要有風骨、知進退。
建言：官員應受人民之監督。

二十一、噬ㄕˋ嗑ㄏㄜˊ

離上　震下

火雷噬嗑

噬嗑：亨，利用獄。
象傳：雷電，噬嗑；先王以明罰勅ㄔˋ法。

噬嗑：咬碎食物；刑罰。食物在口中需咬碎，方可順利進
　　　食。任何障礙應先克服，方能達到目的。吉祥。意
　　　喻人們之爭端，皆由於溝通不良，如果爭執未能得
　　　到平息，司法審判不得不充當仲裁，以平息爭端。
象傳：雷電交加，意喻雷擊閃電交互之現象。先王體察自
　　　然現象，使法律更清明，審案時能明察秋毫，快速
　　　公平審判。

建言：律法務必清楚明顯，執行要公正，值得信賴。

初九：屨校滅趾，無咎。
象傳：屨校滅趾，不行也。

初九：刑具套在初犯之犯人腳上，傷到腳趾，限制他的行
　　　動。由於並不是重罪犯，如果能改正，就沒有禍
　　　害。
象傳：刑具套在犯人腳上，傷到腳趾，限制他的行動。罪
　　　犯不能自由行動，因為刑具驅使其不再違犯。
建言：輕罰重懲避免再犯 。

六二：噬膚，滅鼻，無咎。
象傳：噬膚滅鼻，乘剛也。

六二：迅速果決處置犯人，如同吃肉用力太猛，鼻子被肉
　　　遮蓋住，這沒有過錯。
象傳：處置犯人嚴厲峻罰，遏止頑固犯意者再犯。
建言：重懲以達到遏止刑案。

六三：噬腊肉，遇毒，小吝，無咎。
象傳：遇毒，位不當也。

六三：執行者優柔寡斷，有時刑案之執行不順利，受到抱怨。好像吃臘肉，腹部感到不適，這是臘肉長時間儲藏及受到感染所致；雖有遺憾，但也無禍害。意喻主政者有時也有棘手難題，如同咬到硬臘肉，但若持正，這種挫折很快就可解決。

象傳：執行者有時刑案之執行會碰到頑劣份子的刑犯，好像吃臘肉中毒，因為對刑犯之處置不當的緣故。

建言：刑案之執行，應消除所有挫折。

九四：噬乾肺[9]，得金矢。利艱貞，吉。

象傳：利艱貞，吉，未光也。

九四：執行之罪犯是權勢族群，不很順利，好像吃到硬臘肉。執行者須堅決像銅箭一樣直率，執行到底，才能吉祥。

象傳：能在艱困之中守正審判罪犯，吉祥；但審判罪犯畢竟是不光彩的事。

建言：徹底執行，決不偏離正道。

六五：噬乾肉，得黃金。貞厲，無咎。

象傳：貞厲，無咎，得當也。

註9：肺ㄗˋ，帶有骨頭的乾肉。

六五：執刑時碰到權貴罪犯，執刑困難度像咬乾硬臘肉。
　　　執刑者要有如銅箭般硬的氣魄去執行；由於執刑安
　　　排妥當，沒有禍害。

象傳：執刑時碰到權貴罪犯，執刑者守正及安排妥當之
　　　故，沒有禍害。

建言：藉堅毅與果敢的毅力，去完成刑事處決。
　　　　邪不勝正。

上九：何校滅耳，凶。

象傳：何校滅耳，聰不明也。

上九：極刑罪犯被帶上刑具枷鎖於頸肩上，笨重枷鎖已傷
　　　及罪犯耳朵，顯然該罪犯未聽別人的勸導而犯重
　　　罪，當然凶險。

象傳：極刑罪犯被帶上枷鎖於頸肩上，甚至傷及耳朵，其
　　　下場也是自己造成的。

建言：罪大惡極的罪犯是不易感化的。
　　　　罪無可逭。

二十二、賁 ^{10}

山火賁　　　艮上 離下

賁：亨，小利有攸往。

象傳：山下有火，賁；君子以明庶政，無敢折獄。

賁：文飾，所有事物都需要文飾，以增加美觀、價值與亮
　　彩等。行止之文飾與內涵，使人文質彬彬，吉祥。文
　　飾是裝飾的，畢竟是依附在實質上的，因此不值得花
　　費太多心力於這方面。

象傳：山下有火，火焰光照亮山區，這象徵賁卦；君子意
　　　識到文飾僅可適用一般行政事務，他不敢輕率參與
　　　司法，因為怕造成冤情。

建言：過於拘泥，就傷到本質。

初九：賁其趾，舍車[註]而徒。

象傳：舍車而徒，義弗乘也。

初九：文飾，炫耀其腳趾，捨棄乘車之便而步行；理論
　　　上，他炫耀腳趾就不應乘車；意喻寧願捨棄舒適，
　　　過儉樸的生活。

象傳：捨棄乘車之便而步行；義理上，他寧願捨棄乘車之
　　　便而步行；意喻寧願過簡單樸素的生活，而捨棄舒
　　　適。

建言：不癡心妄想，無非份之想。

註10：賁ㄅㄧ、，裝飾。

捨本求末。

六二：賁其須。
象傳：賁其須，與上興也。

六二：鬍鬚是用來修飾臉的，鬍鬚附屬在臉上，如同文之
　　　於質，鬍鬚迎合臉的喜好，彼此共存。鬍鬚表示持
　　　重，凡事周延。
象傳：鬍鬚用來修飾臉的，鬍鬚附屬在臉上，如同文之於
　　　質。鬍鬚迎合臉的喜好，修飾臉的鬍鬚使人容光煥
　　　發，彼此共存。意喻目前若無實力而要有所作為，
　　　須依附大人物。
建言：文與質互補，不可切割。

九三：賁如，濡如，永貞吉。
象傳：永貞之吉，終莫之陵也。

九三：外表的修飾使人絢麗，令人賞心悅目，容光煥發；
　　　但若能長久維持，吉祥。意喻內在美勝過外在美。
象傳：過多修飾使人絢麗、迷惑，但若守正則踏實，畢竟
　　　文是無法勝過質。
建言：太多修飾令人迷失。

六四：賁如，皤如，白馬翰如；匪寇，婚媾。

象傳：六四，當位疑也；匪寇，婚媾，終無尤也。

六四：穿著白色素服、騎白馬飛速而來，他們不是匪徒而是來提親的，穿著白色素服、騎著白馬，由於太多文飾，易被懷疑與誤解。

象傳：疑惑與恐懼，令人不敢確定來者係迎娶隊伍或搶親；最後完成婚嫁，沒有怨尤。

建言：不要讓人對自己有合理懷疑或推論的機會。

六五：賁於丘園，束帛戔戔。吝，終吉。

象傳：六五之吉，有喜也。

六五：君王美化山丘庭園，應是較重視實質的。以君王之尊，看來非常吝惜，僅花費小束絲絹的代價裝飾庭園，沒有浮華浪費，是位珍惜民脂民膏的好君王。

象傳：君王重視實質，珍惜民脂民膏，沒有浮華浪費，是國家之福。

建言：實質的文飾重於外表的文飾。

上九：白賁，無咎。

象傳：白賁，無咎，上得志也。

上九：沒有文飾並沒有過錯，一切返璞歸真。追求德智受
　　　到肯定，如果能體會一切是空，返璞歸真也就無過
　　　了。

象傳：沒有文飾，並沒有過錯，因為符合崇尚簡樸歸真。

建言：所有文飾最後盡是空，返璞歸真。

二十三、剝

山地剝　　艮上 坤下

剝　：不利有攸往。

象傳：山附於地，剝；上以厚下安宅。

剝：剝落；局勢混亂，小人當道得勢。君子與小人勢必無
　　法同時並存。小人本質上就想徹底剷除君子，因此君
　　子必須明哲保身，隱藏才能，避免受到迫害，且不參
　　與小人。總之，此刻君子須隱忍，靜待其變，不宜有
　　所行動。

象傳：山附著地上，土石是山的基礎，如果土石崩落，山
　　　必定會垮。君王悟此，學會厚待臣民，就能確保天
　　　下安定與和平。人盡皆知國家基礎穩固，人民才能
　　　安居樂業。

建言：人民是國家的基礎後盾，如果民不聊生，政權必

垚。

初六：剝床以足，蔑貞，凶。
象傳：剝床以足，以滅下也。

初六：床會剝落必定從床腳開始，比如房子坍塌必是從棟
　　　樑開始；同理，國家之滅絕，小人必會先剔除君子
　　　為首務，因為正道受到鄙視。
象傳：床會剝落必定從床腳開始；國家之滅絕，勢必因為
　　　君子被小人拔除。
建言：開始剝落，逐漸先危及其基礎。
　　　失察細節 。

六二：剝床以辨，蔑貞凶。
象傳：剝床以辨，未有與也。

六二：剝落到床架一定有危險；因為床腳之剝落一開始就
　　　被忽略，有凶險也無助；因為正道受到鄙視。
象傳：剝落到床架一定有危險，因為無助的緣故。
建言：剝落損害部份，立即作隔離與切除，以避免擴散。
　　　得寸進尺。

六三：剝之，無咎。

象傳：剝之，無咎，失上下也。

六三：個人之剝落(放縱) 是有害的，但剝落(放縱) 僅限於
　　　私人之縱情酒食，甚至私慾。這與公無涉，雖然放
　　　縱自己，畢竟不會受到責難。

象傳：個人之剝落(放縱) 是有害的，但剝落(放縱) 僅限於
　　　私人之縱情，與公無涉，他不再被君王寵信，也失
　　　去民心。

建言：勿同流合汙，趁火打劫 。

六四：剝床以膚，凶。

象傳：剝床以膚，切近災也。

六四：床的剝落已到了床面，這已危及到人身安全。意喻
　　　國政衰敗，就像床面已剝落危及皮膚。

象傳：床的剝落已到了床面，這已危及到安全性；災難將
　　　至，災禍臨身。

建言：拿出魄力改善迫在眉睫的事情。

六五：貫魚以宮人寵，無不利。

象傳：以宮人寵，終無尤也。

六五：睿智明君避免宮妃爭寵，一律按照安排次序如魚串
服伺，不允許宮妃參與政治事務；因此小人無法剝
削君子，就不會有所不利。意喻明君避免小人如魚
串干預政務，就不會有所不利。

象傳：君王能夠避免小人干政，如同宮妃不得參與政務，
就不會有所後悔。

建言：對待小人，不必認真，敷衍即可。

上九：碩果不食，君子得輿。小人剝廬。

象傳：君子得輿，民所載也；小人剝廬，終不可用也。

上九：有德之人不會坐享其成，因此會得到大眾的支持；
反之，小人想要用特權，坐享其成。如果小人對君
子不利，人民將得不到安居之所。

象傳：君子得到人民之擁戴，而小人卻剝奪民屋。換句話
說，小人終究會被人民唾棄。

建言：德不孤必有鄰。

二十四、復

坤上 震下

地雷復

復：亨。出入無疾。朋來無咎。反復其道，七日來復。利
　　有攸往。

象傳：雷在地中，復；先王以至日閉關，商旅不行，后不
　　　省方。

復：回復，循環。冬至過後，一陽復始，萬物復甦，欣欣
　　向榮，不好的即將消逝，一切亨通。諸事順暢不已。
　　志同道合朋友齊聚一堂，沒有不對；天象循環不息，
　　君子有利於行其正道。

象傳：雷藏於地中，萬物復甦，一元復始。古代先王於冬
　　　至日，關閉隘口，全國商旅休業一天，甚至君王也
　　　不作視察。

**建言：古代所有作息活動，須配合節氣並避免天災； 甚至
　　　作息依照天象，不敢違犯。**

初九：不遠復，無祇悔，元吉。

象傳：不遠之復，以修身也。

初九：迷失不遠即知回頭是岸，不會懊悔，也不會有災
　　　難，大吉。意喻發現做了不對的事及時回頭修正，
　　　不會懊悔。

象傳：珍貴之處，在於迷失不遠，能及時回歸正道修身養
　　　性，不偏離正道。

建言：回頭是岸。

六二：休復，吉。
象傳：休復之吉，以下仁也。

六二：回歸寬厚的本性與人交往，吉祥。
象傳：回歸寬厚的本性與人交往，吉祥，因為寬厚親近仁
　　　德君子。
建言： 善有善報。

六三：頻復，厲無咎。
象傳：頻復之厲，義無咎也。

六三：由於把持不住，容易一再犯錯，屢次反悔改正，雖
　　　然危險，但不會有災禍。
象傳：頻頻犯錯反悔，勇於承擔責任回歸正道。畢竟能改
　　　過，義理上無過。
建言：改過遷善。

六四：中行，獨復。
象傳：中行獨復，以從道也。

六四：一般而言，人們總認為跟隨多數就是迎合時尚潮
　　　流；但如果一齊同行之伙伴不是志同道合者，就毅
　　　然決定中途退出，獨自返回。

象傳：發現同行者不是志同道合者，毅然決定中途退出，
　　　獨自返回，以追求正道。

建言：捨利就義。

六五：敦復，無悔。
象傳：敦復，無悔，中以自考也。

六五：以寬厚敦實之德行，回復到正道，不會有悔恨之
　　　事。
象傳：以寬厚敦實之德行，回復到正道，不會有悔恨。這
　　　是因為常常自我反省的緣故。

建言：不偏離正道，就不會有悔恨之事。

上六：迷復，凶，有災眚。用行師，終有大敗，以其國君
　　　凶。至於十年不克征。
象傳：迷復之凶，反君道也。

上六：君王迷失自己，偏離正道而不知返回是危險之事。
　　　天災戰亂頻傳，如果君王仍堅持出兵鎮壓，將會
　　　全軍覆沒無疑，甚至連君王也有凶險。再者人民窮
　　　困，國家財富也消耗殆盡，十年都無法恢復。
象傳：君王迷失自己，不知返回正道是危險之事，因為君
　　　王自己違反了為君之道。

建言：執迷不悟，不知返回，極其危險。

乾卦　初九　潛龍勿用
　　　　九二　見龍在田
　　　　九五　飛龍在天
　　　　上九　亢龍有悔
　　　　用九　群龍無首

坤卦　上六　龍戰于野

二十五、無妄

 乾上 震下

無妄：元、亨、利、貞。其匪正，有眚，不利有攸往。
象傳：天下雷行，物與無妄；先王以茂對時，育萬物。

無妄：不虛偽、不妄為、不妄想。無妄堅持四原則—元亨
　　　利貞，如果言行不虛妄、不敢妄為、能行使正道，
　　　吉祥；但如果偏離正道，災難隨之就來，不利前
　　　往。
象傳：雷聲響遍天下，萬物俱長，毫不虛妄。古代先王依
　　　照天象，配合時令以育萬物。
建言：不違反大自然、不強求、不造假。

初九：無妄，往吉。
象傳：無妄之往，得志也。

初九：誠信、無私、無妄，勇往直前，有利。
象傳：誠信、無私、無妄，勇往直前，有利，可以實現願
　　　望。
建言：行事不妄為，吉。

六二：不耕獲，不菑 11 畬 12，則利有攸往。

象傳：不耕獲，未富也。

六二：妄想不勤奮耕作而有豐收，妄想不事開墾而有良
　　　田，這是不合情理的。如果沒有這種想法，是有利
　　　的。

象傳：妄想致富而不勤奮耕作，這是不務實的。

建言：存非份之想，就是妄。

　　　　坐享其成。

六三：無妄之災，或繫之牛，行人之得，邑人之災。

象傳：行人得牛，邑人災也。

六三：這是意想不到的災難。牛栓在路旁的柱子，被過路
　　　人牽走了，但他被鄉民誤認是賊。

象傳：過路人牽走了牛，但他卻被鄉民誤會是偷牛賊。

建言：飛來橫禍。

九四：可貞。無咎。

象傳：可貞無咎，固有之也。

註 11：菑 卩，開墾荒地。

註 12：畬 ㄩˊ，已墾植三年的熟田。

九四：只要能自制、無私與不妄為，堅守正道，不會有咎
　　　害。

象傳：只要能自制、無私與不妄為，堅守正道，不會有咎
　　　害，這些都是固有的德行。

建言：堅守正道就能避免無妄之災。

　　　潔身自好。

九五：無妄之疾，勿藥，有喜。

象傳：無妄之藥，不可試也。

九五：妄念之疾不需服藥，自會痊癒，可喜。

象傳：健康的人不可輕易試藥。

建言：輕易妄信是可悲之事。

　　　無病呻吟。

上九：無妄，行有眚，無攸利。

象傳：無妄之行，窮之災也。

上九：事情已暫時告一個段落，應避免自作聰明。妄想建
　　　立新制度去干擾人民，這不可能有利益。

象傳：魯莽草率行動，將導致災難，因為已經窮途末路
　　　了。

建言：當事情無可挽回時，適時停止不逞強。

二十六、大畜

山天大畜　　艮上 乾下

大畜：利貞。不家食，吉。利涉大川。
象傳：天在山中，大畜；君子以多識前言往行，以畜其
　　　德。

大畜：大蓄積與大蓄養，有利於堅守正道者。賢德之士應
　　　為朝廷奉獻，而不是待在家耕食，其職志應是蓄養
　　　眾生，兼善天下，吉祥。其偉大心志一定會成功，
　　　就像冒險涉越大河。
象傳：天在山中，君子體會擴大學習前人之嘉言善行並蓄
　　　積德行。
建言：大蓄養，不只是獨善其身，還要兼善天下。

初九：有厲，利已。
象傳：有厲利已，不犯災也。

初九：初入社會猶如初生之犢，若欲望高與魯莽急躁，將
　　　處在危險之中。應先蓄積自己德智再出發。
象傳：處在危險之中應先制止躁進，以避免危險。
建言：失敗的單行道，就是急功近利。

九二：輿說輹。

象傳：輿說輹，中無尤也。

九二：時局不對，不應繼續前進。意喻身處險境，應克制
　　　自己，就像暫時移開車軸與車身間之木條，不再前
　　　進。

象傳：暫時移開車軸與車身間之木條，不再前進，是避免
　　　怨尤與落入小人之陷阱。

建言：見機行事。

九三：良馬逐，利艱貞，日閑輿衛，利有攸往。

象傳：利有攸往，上合志也。

九三：君子應有高度警覺性，以增蓄能量，克服艱難。如
　　　同騎兵隊每日馳騁訓練，勤習馬術及車陣防禦之
　　　術，以利征戰之準備。

象傳：高度警覺性與訓練，有利征戰之準備，也符合上
　　　意。

建言：積極，但勿急躁誤事。

六四：童牛之牿，元吉。

象傳：六四元吉，有喜也。

六四：小牛角尚未長出來前，就先裝上橫木條，防止小牛
　　　野性傷人。吉祥。防止牛角日後傷人是預防措施，
　　　防患未然。

象傳：小牛角尚未長出來前，就先裝上橫木條，防止將來
　　　小牛野性傷人。能事先防患未然，是大吉的事。

建言：防患未然。
　　　　善始善終。

六五：豶[13]豕之牙，吉。

象傳：六五之吉，有慶也。

六五：豬的獠牙很可怕，也會危及人們的安全。根本之道
　　　就是將之去勢，使之變溫和。因為凶性已除，雖有
　　　獠牙還可眷養，吉祥。

象傳：豬的去勢，使之變溫和，大吉。

建言：釜底抽薪；斬草除根。

上九：何天之衢，亨。

象傳：何天之衢，道大行也。

上九：君王肩負蓄養賢德之重責大任，任用管道，何其廣

註 13：豶ㄈㄣˊ，閹割過的豬。

泛，吉祥。

象傳：君王肩負蓄養賢德之重責大任，任用之管道暢通廣
　　　泛。

建言：成功之路，需各方面仔細考量。

二十七、頤

山雷頤　　　艮上 震下

頤：貞吉。觀頤，自求口實。

象傳：山下有雷，頤；君子以慎言語，節飲食。

頤：頤養。人們需要飲食養身，若能堅持正道養生，吉
　　　祥。頤養，從個人之養生與養德，就明白是否符合正
　　　道，再者觀看口中食物，即明白其謀求生活的方式。

象傳：山下有雷，象徵頤養。君子悟到須謹慎言行，節制
　　　飲食，以頤養身體。

建言：飲食，足以養身；慎言語，足以養口德。

初九：舍爾靈龜，觀我朵頤，凶。

象傳：觀我朵頤，亦不足貴也。

初九：靈龜擁有吸納吐氣之能，它捨棄其能，羨慕我大快
　　　朵頤，就會有凶險；意喻貪婪食慾，遺害健康。
象傳：不尋求自養，卻欣羨被養，會被大眾鄙視的。
建言：與其臨淵羨魚，不如自己創造機會。
　　　　看輕自己；貪得無厭。

六二：顛頤，拂經于丘頤，征凶。
象傳：六二征凶，行失類也。

六二：顛倒過來向下位尋求頤養，是不合理的。向上位要
　　　求更多頤養，這種無恥的行徑是違反常理的。
象傳：道理上，頤養上位符合正道；但是向下尋求頤養或
　　　向上要求更多頤養，是違反倫理的。
建言：一味地追求富貴等於自取其辱。

六三：拂頤，貞凶，十年勿用，無攸利。
象傳：十年勿用，道大悖也。

六三：違反正常頤養之道，把身子弄壞了，凶險。花了很
　　　長一段時間來調理身體，仍然虛弱，日後即使有機
　　　會發揮才能，他還是不敢承受重責大任。
象傳：由於個人之不當頤養，導致身體虛弱；即使用十年
　　　時間去調理身體，還是無法康復，因而沒有機會有

所作為。

建言：個人頤養之道，是透過適當適度的養生達成的。
　　　侵犯掠奪他人而頤養自身，無廉恥。

六四：顛頤，吉。虎視眈眈，其欲逐逐，無咎。

象傳：顛頤之吉，上施光也。

六四：為了頤養人民，向下尋求頤養，吉祥。為了達此目
　　　標，要有如老虎盯著獵物般的氣勢，就會吉祥。

象傳：向下尋求頤養，並施與人民，這是光明正大的事。

建言：取之於民，用之於民。

六五：拂經，居貞吉，不可涉大川。

象傳：居貞之吉，順以從上也。

六五：君王違背養民的常理，但平時言行作為能守正，仍
　　　是吉祥；但不要有錯誤的政策，帶給人民痛苦。

象傳：君王平時言行作為能守正，吉祥；吉祥是因為順從
　　　上意。

建言：守株待兔不見得不正確，但視情勢而定。

上九：由頤，厲吉。利涉大川。

象傳：由頤厲吉，大有慶也。

上九：頤養萬民是君王之責，頤養應謹慎、公平與公正。
　　　君王如能堅守原則，有利將來成就大業。
象傳：如果君王能堅守原則，頤養萬民，必有利於將來成
　　　就大業，且會有喜慶之事。
建言：頤養自身與人民，是頤養之道。

二十八、大過

澤風大過　　　兌上 巽下

大過：棟撓_ㄠ，利有攸往，亨。
象傳：澤滅木，大過；君子以獨立不懼，遯_{ㄉㄨㄣ}世無悶。

大過：超越常理。就像房子棟樑彎曲了，房子就處在不穩
　　　定狀態，因為中間負荷過重，應做徹底檢修，以避
　　　免危險；此時有利於前往了解問題與解決問題。意
　　　喻房子將要垮了，要立即整修 (應變)，可轉危為
　　　安。
象傳：樹木浸在澤水中是違背常理的；理論上，木頭應浮
　　　在水上，但樹木卻浸在澤水中。君子不會因為憤
　　　世嫉俗或感到畏懼，不敢去面對。君子即使隱居遯

世，也不會感到沮喪或苦悶。

建言：能屈能伸。

初六：藉用白茅，無咎。

象傳：藉用白茅，柔在下也。

初六：祭品與祭器用白茅草來當襯墊以示虔敬，沒有過
錯；藉由白茅草之柔軟與純淨當襯墊，以調和祭祀
嚴肅之氣氛。

象傳：雖然白茅草簡陋，但卻能被使用在莊嚴場合，是難
能可貴的。

建言：小螺絲也可挑大樑。

九二：枯楊生稊[註14]，老夫得其女妻，無不利。

象傳：老夫女妻，過以相與也。

九二：枯萎楊樹長出嫩芽，好像老夫娶少妻，沒有不當，
沒有過錯。

象傳：雖然老夫少妻年齡差距大了些，看來是有偏差，但
他們彼此能相互扶持，沒有不利。

建言：非常時期不必拘泥俗套。

註 14：稊ㄊㄧˊ，新嫩葉。

各取所需。

九三：棟橈﹖，凶。
象傳：棟橈之凶，不可以有輔也。

九三：屋子的棟樑彎曲了，有凶險。意喻與人交往之強勢
　　　作為，導致遇到困難無人幫助，陷入危機。
象傳：房屋棟樑彎了，沒有其他支撐可以使房屋恢復，因
　　　為房屋結構已經毀壞了。意喻與人交往之強勢作為
　　　與作風剛愎自用、咄咄逼人，導致陷入危機。
建言：重大錯誤，難以彌補。

九四：棟隆，吉；有它，吝。
象傳：棟隆之吉，不橈乎下也。

九四：強壓使隆起之棟樑平整平衡，外觀看來安全，日後
　　　不能再有其他事故，否則會有遺憾。意喻外厲內
　　　荏。
象傳：強壓使隆起之棟樑平衡安全，不會向下彎。
建言：中流砥柱。

九五：枯楊生華，老婦得其士夫，無咎無譽。

象傳：枯楊生華，何可久也？老婦士夫，亦可醜也。

九五：枯萎的楊樹，再度長出花朵，好像老婦嫁給年輕丈
夫。這婚配不會被稱羨，也不會被責難。

象傳：枯萎的楊樹，再度長出花朵，好像老婦嫁給年輕丈
夫。這種婚姻能長久嗎？這的確是項醜聞。

建言：開花但不結果，不值得讚賞。

夕陽西下。

上六：過涉滅頂，凶。無咎。

象傳：過涉之凶，不可咎也。

上六：實力不夠，無自知之明，卻堅持要有作為。就像不
知河流的深淺，勉強涉水而過，終滅頂。這是災
難，實在難以責怪。

象傳：無自知之明，涉水而過，終滅頂，這是自找的，怨
不得人。

建言：非常時期，捨生就義也是無可奈何的事。

二十九、坎

坎為水　　坎上 坎下

習坎：有孚，維心亨，行有尚。

象傳：水洊_{ㄐㄧㄢ}[15]至，習坎；君子以常德行，習教事。

坎：雖有重重險阻與危險，若有誠信與信心可以化險為
　　夷。亨通。有克服困難的決心是崇高與值得鼓勵的。

象傳：洪流滾滾而來，有如重重險阻，君子體會到要勤修
　　　德行與學習教化人民。

建言：熟能生巧。

　　　化險為夷。

初六：習坎，入於坎窞_{ㄉㄢ}[16]，凶。

象傳：習坎入坎，失道凶也。

初六：深陷重重困境之中，好像迷失自己掉落到深穴之
　　　中，處境極其危險。

象傳：深陷重重困境之中，不能自拔，因為違背正道，有
　　　凶險。

建言：有備無患。

　　　**陷困境不能失志，因為頹喪放棄機會，反而要更達
　　　觀、勇敢面對地克服它。**

註15：洊ㄐㄧㄢ丶，一再地。

註16：窞ㄉㄢ丶，深坑。

九二：坎有險，求小得。

象傳：求小得，未出中也。

九二：仍處在險難之中，首先需要從小地方改善，設法解
　　　除目前困境，進而脫險。

象傳：目前仍未完全脫離險難，應先求自保，因為仍處險
　　　難之中。

建言：潛能無限。

　　　當面臨險難，勿氣餒；反而要更堅強面對。

六三：來之坎坎，險且枕，入於坎窞，勿用。

象傳：來之坎坎，終無功也。

六三：險難重重，進退兩難，極其危險，暫時前進不得，
　　　不可妄動，任何努力都沒有辦法。

象傳：進退仍陷於困境之中，所有努力都是無功的。

建言：逆來順受。

　　　面臨險難，勿妄動，冷靜耐心尋求解套。

六四：樽酒，簋ㄍㄨㄟˇ17貳，用缶，納約自牖一ㄡˇ18，終無咎。

註 17：簋ㄍㄨㄟˇ，古時的碗。

註 18：牖一ㄡˇ，窗戶。

象傳：樽酒簋貳，剛柔際也。

六四：一壺酒，兩碗白飯，用瓦器盛著，經由窗戶送進室
　　　內。雖然儉約，但出於至誠，沒有咎害。意喻身陷
　　　坎境，繁文縟節，可以免除。

象傳：僅一壺酒與兩碗白飯的儉約，由於出於至誠，可顯
　　　示其間之默契。

建言：往好處想，不絕望。
　　　與人交往，坦誠無私，可不必拘泥繁文縟節。

九五：坎不盈，祇既平，無咎。

象傳：坎不盈，中未大也。

九五：水尚未填滿坎陷，但水中之丘，幾乎被淹沒。意喻
　　　尚未到達最危險階段，只要再耐心等候，問題可獲
　　　得解決，沒有災禍。

象傳：水尚未填滿坎陷。意喻守正、謙遜不自滿。

建言：不達目標，不輕言放棄。

上六：係用徽纆[19]，寘於叢棘，三歲不得，凶。

象傳：上六失道，凶三歲也。

註 19：纆ㄇㄛ、，繩索。

上六：當處極端險境時，猶如罪犯被關在荊棘之獄，三年
　　　來未被釋放，身處險境迷失正道，一段時期都無法
　　　恢復。

象傳：因為失去正道，因此三年都無法脫困。

建言：如果放棄自救，無異是聽天由命。

三十、離

離上　離下
離為火

離：利貞。亨。畜牝牛吉。

象傳：明兩作，離；大人以繼明照于四方。

離：附著。火附著於木，產生光明。萬物互為依存，因此
　　　所有之附著，都需符合正道，方能亨通；賢能者像母
　　　牛般地溫馴，兼負著重任，就無往不利了。

象傳：日月相繼昇起到天上，的確是壯觀的依附。大人物
　　　深悟光明的美德普照四方，不偏祖。

建言：萬物皆有其依附，人也須依附於正道，並無例外。

初九：履錯然，敬之，無咎。

象傳：履錯之敬，以辟咎也。

初九：剛開始作事難免會失序，會迷失犯錯。如果有警惕
　　　之心，就不會有過錯。意喻剛要依附於人，要先認
　　　清其德行，沒有咎害。

象傳：以謹慎之心面對人生，避免在忙亂中犯錯。

建言：敬業態度嚴謹。

　　　得過且過，不犯過。

六二：黃離，元吉。

象傳：黃離元吉，得中道也。

六二：以光明的態度及中正無私的原則依附大人物，當然
　　　大吉。

象傳：以光明的態度及中正無私的原則依附大人物，當然
　　　大吉，因為秉持中道的緣故。

建言：不亢不卑。

九三：日昃[20]之離，不鼓缶而歌，則大耋之嗟，凶。

象傳：日昃之離，何可久也？

九三：年老力衰有如日落西山，如果不利用剩餘歲月敲瓦
　　　器唱歌，就會因為老邁而嘆息，凶險。

註20：昃ㄗㄜˋ，太陽西下。

象傳：年邁不退休頤養天年，夕陽能持續多久？

建言：年邁應樂天知命。

　　　少壯不努力，老大徒傷悲。

九四：突如其來如，焚如，死如，棄如。

象傳：突如其來如，無所容也。

九四：雖依附大人物，但由於居心不良，其暴躁性情有如
　　　突如其來之火，火勢猛烈，一切化為灰燼，之後被
　　　棄。意喻依附大人物不能居心叵測，否則將被天下
　　　人所棄。

象傳：其暴躁性情有如突如其來之火，使得無處容身依
　　　附。

建言：急就章不可成事。

　　　依附不可乘人之危，趁火打劫。

六五：出涕沱若，戚嗟若，吉。

象傳：六五之吉，離王公也。

六五：由於受到奸邪小人之脅迫，剛繼承王位之君王，過
　　　著淚流滿面，悲淒感嘆之生活。日夜警惕，化險為
　　　夷，吉祥。

象傳：吉祥，因為宗廟及王公之助。

建言：專橫跋扈；無可奈何。
厚黑，權謀。

上九：王用出征，有嘉折首，獲匪其醜，無咎。
象傳：王用出征，以正邦也。

上九：君王派兵征伐，獎賞有功，斬殺首腦者，不濫殺無
　　　辜，是沒有過錯的。
象傳：君王派兵的決定，為鞏固及穩定邦國。
建言：王道之師懲處叛逆。

三十一、咸

兌上 艮下
澤山咸

咸：亨，利貞，取女吉。
象傳：山上有澤，咸；君子以虛受人。

咸：相互感應，少男少女間的感應是真情流露，彼此相
　　愛。情感是建立於日後婚姻，吉祥。
象傳：水從山上流下，代表山水交互之情，君子效仿它謙
　　　虛待人接物。

建言： 慢工出細活。

有容乃大。

初六：咸其拇。

象傳：咸其拇，志在外也。

初六：相互感應僅在大腳趾，顯示距離行動之期尚屬遙
　　　遠，少女情竇初開，其情尚未成熟。

象傳：相互感應在大腳趾上，已顯露出情感了。

建言：欲速則不達。

六二：咸其腓，凶；居吉。

象傳：雖凶居吉，順不害也。

六二：感應到小腿肚，此時妄想行動，危險；女子貿然去
　　　追求是不合乎禮數的，僅能居家待時，得吉。

象傳：感應在到小腿肚，此時妄想行動，危險。如果女方
　　　能矜持一下再同意，男方必然全力追求，屆時女方
　　　再順從同意也不遲。

建言：以逸待勞。

強求的愛，經不起社會的考驗。

九三：咸其股，執其隨，往吝。
象傳：咸其股，亦不處也；志在隨人，所執下也。

九三：大腿是隨著小腿肚而牽動的，猶如感情無自主權，
　　　受媒妁之言及父母左右而結合。如果婚姻不是由自
　　　己決定，這種婚姻不可能有好的結局。不是自己的
　　　意願而結婚，只是跟著別人的想法走。
象傳：大腿是隨著小腿肚而牽動，猶如無感情自主權。意
　　　喻其無婚姻自主權，但卻執行他人之心志，是卑下
　　　的。
建言：沒主見盲從，會遭遇困難。
　　　一動不如一靜 (多一事，不如少一事)。

九四：貞吉，悔亡。憧憧往來，朋從爾思。
象傳：貞吉，悔亡，未感害也；憧憧往來，未光大也。

九四：感情專一就不會有悔恨；反之，感情心志不專，容
　　　易見異思遷，將會有悔恨。
象傳：如果情侶感情堅固，就不會有所悔恨；但如果任一
　　　方不穩定，容易喜新厭舊，就很可恥。
建言：感情上見異思遷是不負責任，是可恥的事。
　　　擇善固執。

九五：咸其脢[21]，無悔。

象傳：咸其脢，志末也。

九五：挽著愛人的腰沒有悔恨，意喻兩情相悅沒有悔恨。

象傳：挽著愛人的腰沒有悔恨，沒有其他的心願可期待的。

建言：不遺餘力。

上六：咸其輔頰舌。

象傳：咸其輔頰舌，騰[22]口說也。

上六：感應僅在顎、頰與舌頭，從臉的表情得知一二，如果相互對應膚淺，敷衍了事，無人會相信他的諂媚，奉承。

象傳：感應僅在顎、頰與舌頭，意喻是個缺乏誠信的人。

建言：逞口舌之能無濟於事。

註 21：脢 ㄇㄟ ，背脊肉。

註 22：騰去ㄥ ，騰揚。

三十二、恆

震上 巽下

雷風恆

恆：亨，無咎，利貞，利有攸往。
象傳：雷風，恆；君子以立不易方。

恆：持續恆久，恆久之道，亨通。只要家庭倫理維繫長
　　久，堅守正道無往不利。
象傳：雷響風起象徵恆久，君子深悟恆守正道、不輕易改
　　　變之理。
建言：有恆為成功之本。

初六：浚恆，貞凶，無攸利。
象傳：浚恆之凶，始求深也。

初六：不按部就班、急切地追求恆道，會有凶險，不利於
　　　前行。
象傳：一開始就急切地追求恆道，是吹毛求疵的行為。
建言：循序漸進。
　　　急功近利。

九二：悔亡。
象傳：九二悔亡，能久中也。

九二：起初有決心追求恆道，之後卻反悔了，等於沒有恆
　　　心。一個沒有恆心的人是無法成就任何事的。
象傳：長期追求恆道，奉守中庸之道，沒有悔恨。
建言：循規蹈矩。
　　　恆道來自中庸之道與正道。

九三：不恆其德，或承之羞，貞吝。
象傳：不恆其德，無所容也。

九三：無法維持恆德，會遭受羞辱，因為不能堅持誠正立
　　　場。
象傳：無法維持恆常之德，終將無處容身。
建言：失德失節。

九四：田無禽。
象傳：久非其位，安得禽也？

九四：打獵無所獲，因為長期在田野打獵，而不是在森林
　　　裡。
象傳：在不對的地方打獵，難怪無所獲。

建言：守株待兔。
　　　用非所學。

六五：恆其德，貞，婦人吉，夫子凶。
象傳：婦人貞吉，從一而終也；夫子制義，從婦凶也。

六五：女人恆守婦德，吉祥；但對男人而言就不同，因他
　　　須隨勢應變，因地制宜。
象傳：婦女遵守婦德從一而終，但男人在事業上若同樣恆
　　　守其道，就不恰當。
建言：恆守其道，也須考量制宜之道。

上六：振恆，凶。
象傳：振恆在上，大無功也。

上六：如果心思浮躁，違反恆道，有凶險。意喻轉石不生
　　　苔，轉業不聚財。
象傳：如果上位也浮躁不安，就無法成就任何事了。
建言：搖擺不定、變化無常、心思浮躁的人很難找到穩定
　　　之所。

三十三、遯

天山遯　　　乾上 艮下

遯：亨。小利貞。

象傳：天下有山，遯；君子以遠小人，不惡而嚴。

遯：退避。小人目前聲勢壯大，君子無力抗衡，只能退避
　　遠離，尋求退避之所；雖然退避是消極的，但卻能明
　　哲保身，這是小利。

象傳：山再高也遠離天；這說明退避之意。君子不會厭惡
　　痛恨、也不會口出惡言，而是嚴於律己，遠離小
　　人。

建言：見好就收。

**　　　落袋為安。**

初六：遯尾，厲，勿用有攸往。

象傳：遯尾之厲，不往，何災也？

初六：小人得勢時，若退避緩慢，像尾巴一樣跟在人後，
　　可能會有危險。若退避緩慢，任何進展也無用。

象傳：該退避就應退避，應該識時務，才不會有災禍。

建言：不應受情緒搖擺，草率行動，如果情勢不利，果敢

快速作決定，就不會有危險。
勿留下小辮子。

六二：執之用黃牛之革，莫之勝說。

象傳：執用黃牛，固志也。

六二：決不隱退的決心，好像用黃牛皮條緊緊綁住，無法
　　　動搖。

象傳：決不隱退的決心，好像用黃牛皮條緊緊綁住，無法
　　　動搖。其心志充份顯示無論如何不隱退之決心。

建言：人在江湖，身不由己。

九三：係遯，有疾厲。畜臣妾，吉。

象傳：係遯之厲，有疾憊也；畜臣妾吉，不可大事也。

九三：如果眷戀其位而不及時隱退，會造成身心疲累，甚
　　　至生病。不如退隱在家，蓄養家人，不參與政事。

象傳：如果眷戀其位而不及時隱退，造成身心疲累，甚至
　　　生病，倒不如退隱在家，蓄養家人，不參與政事。
　　　即使眷戀權位，也不會有大成就。

建言：當機立斷。

九四：好遯，君子吉，小人否。

象傳：君子好遯，小人否也。

九四：君子可以捨棄所有，堅決退隱，吉祥；可是小人卻
　　　不然，他們眷戀權位與富貴。

象傳：君子可以依據時勢，堅決退隱，可是小人不能，小
　　　人眷戀權位與富貴。

建言：小人與君子最大的差異是眷戀權位與富貴。
　　　　好壞不能一時論定。

九五：嘉遯，貞吉。

象傳：嘉遯，貞吉，以正志也。

九五：在不好的時局，能把握機會斷然隱退，值得嘉許。

象傳：在不好的時局，能把握機會斷然隱退，值得嘉許。
　　　但若無法擺脫世俗，就應剛正無私，毅然隱退以明
　　　志。

建言：智者斷然隱退，籌劃機會之來臨。

上九：肥遯，無不利。

象傳：肥遯無不利，無所疑也。

上九：能從容割捨牽掛，瀟灑隱退，是無所不利的。因為

遠離小人，憂慮也會消除。

象傳：能從容割捨牽掛，瀟灑隱退，是無所不利的，因為
再也無牽掛與憂慮。

建言：瀟灑隱退，無所憂慮。
庸人自擾。

三十四、大壯

震上 乾下

雷天大壯

大壯：利貞。

象傳：雷在天上，大壯；君子以非禮弗履。

大壯：壯大。太強盛、太超過，終會造成悔恨，因為強盛
容易因自滿、氣勢凌人、傲慢自大，而陷入危險。
此卦強調正道、公平與自制，避免盛極而衰。

象傳：雷聲隆隆，氣象壯大。君子深悟其壯大，不是超越
別人，而是克制自己，因此言行都要合乎於禮。

建言：克己復禮。

初九：壯於趾，征凶，有孚。

象傳：壯於趾，其孚窮也。

初九：強烈意圖前進，但勁道不足，如果執意前進，將會
　　　有災。

象傳：雖然有強烈意圖前進，但卻勁道不足，其誠信亦有
　　　耗盡之時。

建言：初生之犢。

時局不對仍急於表現，將遭致遺憾。

九二：貞吉。

象傳：九二貞吉，以中也。

九二：當壯大之時容易逾越，如果守正克制就會吉祥。

象傳：當壯大之時容易逾越，如果守正克制就會吉祥，因
　　　為正道不偏不倚。

建言：謙受益，滿招損。

九三：小人用壯，君子用罔，貞厲。羝羊觸藩，羸其角。

象傳：小人用壯，君子罔也。

九三：小人濫用權勢，仗勢欺人，但君子則否。君子網羅
　　　才俊，安撫百姓，雖然處事正派、誠信，但處境仍
　　　然堪危，好像公羊衝撞圍籬，羊角被纏住了。

象傳：小人濫用權勢，仗勢欺人，忘了自己是誰；但君子
　　　卻是網羅才俊，安撫百姓。

建言：有勇無謀，蠻橫衝撞，造成精疲力竭。

九四：貞吉，悔亡；藩決不羸，壯於大輿之輹。
象傳：藩決不羸，尚往也。

九四：當壯大時，不能為所欲為，才能吉祥，就沒有悔
　　　恨。就像公羊用羊角撞圍籬，撞開缺口，羊角才不
　　　會被纏住，羊角甚至比車底下之車軸橫木還要強
　　　壯。
象傳：公羊用羊角撞圍籬，撞開缺口，羊角不會被纏住。
　　　障礙已除，前進不會再有阻礙。
建言：勢如破竹。
　　　小不忍則亂大謀。

六五：喪羊於易，無悔。
象傳：喪羊於易，位不當也。

六五：物極必反，在壯大時，好像羊奔馳原野，容易走
　　　失，不值得奇怪，不會有悔恨。
象傳：牧羊人忽略適當地點牧羊，弄丟了羊。不當的放牧
　　　地點造成損失，再悲傷也沒有用。
建言：亡羊補牢。

上六：羝¹羊觸藩，不能退，不能遂，無攸利，艱則吉。

象傳：不能退，不能遂，不詳也；艱則吉，咎不長也。

上六：公羊撞圍籬，羊角被纏住了，前進後退不得，作不了任何事。但如果事先能考慮到困難所在，就可獲吉。

象傳：公羊撞圍籬，羊角被纏住了，前進後退不得，但如果事先能考慮到困難所在，那承受的困難就不會長久。

建言：防患未然。

　　　逞強易陷危機。

三十五、晉

火地晉　　離上 坤下

晉：康侯用錫馬蕃庶，晝日三接。

象傳：明出地上，晉；君子以自昭明德。

晉：晉升，侯爵因為治績得宜，受到君王肯定，獎賞許多駿馬與馬車，受到恩寵，一日受到三次接見。

象傳：太陽上升於地面上，代表晉升，君子見此景象，愈能自我修煉，顯現其光明之德行。

建言：建立功業，步步高昇。

初六：晉如摧如，貞吉。罔孚，裕無咎。
象傳：晉如摧如，獨行正也；裕無咎，未受命也。

初六：有時前進會碰到挫折，一時無法得到人們的信任，
　　　卻沒有抱怨，反而寬容，與人和睦相處。前進後退
　　　皆裕如，就不會有咎責。
象傳：有時候前進會碰到挫折，但誠正以待，雖然尚未得
　　　到任命，卻不會有悔恨。
建言：留得青山在，不怕沒柴燒。
　　　誠正以行，無憂得失。

六二：晉如愁如，貞吉。 受茲介福，于其王母。
象傳：受茲介福，以中正也。

六二：雖然晉升，但也擔心日後失寵不被重視。只要誠信
　　　守正，將會蒙受先祖母之大福。
象傳：蒙受此大福，因為守正不偏之故。
建言：雖然通往成功之路是岐嶇不平的，但如果能守正，
　　　成功就在不遠之處。

六三：眾允，悔亡。
象傳：眾允之志，上行也。

六三：升遷的同時也得到廣大群眾的支持，不會有悔恨。
象傳：做成一件大事之前，自己之心志須先取得廣大群眾
　　　的支持。
建言：得到群眾的信賴與支持，是通往成功之路。

九四：晉如鼫[23]鼠，貞厲。
象傳：鼫鼠貞厲，位不當也。

九四：鼫鼠五技而窮，能飛、能游泳、鑽洞、能跑、能
　　　爬，但不是全能。君子若被提攜重責大任，而無真
　　　才實學，會鑄成大錯。
象傳：提攜一個像鼫鼠無真才實學的人，是阻礙他人晉升
　　　之路。
建言：自不量力；害人害己。
**　　　跟上時代潮流。**

六五：悔亡，失得勿恤。往吉，無不利。
象傳：失得勿恤，往有慶也。

註 23：鼫ㄕ ˊ，鼫鼠。

六五：沒有悔恨的憂慮，沒有能力不夠的顧慮；如果不在
　　　意個人得失，勇往直前，無不利。

象傳：不計較個人得失，放手去做，會有福慶的。

建言：不要憂慮個人得失，勇往直前。

　　　塞翁失馬，焉知非福。

　　　不計得失。

上九：晉其角，維用伐邑，厲吉，無咎，貞吝。

象傳：維用伐邑，道未光也。

上九：晉升到了極點，毫無一點迴轉空間，派軍隊鎮壓自
　　　己領地上的叛亂，難免是恥辱，因為管理不當。

象傳：派軍隊鎮壓自己領地上的叛亂，不是光明之道。

建言：安撫是上策。

　　　自我約束，免除災禍。

三十六、明夷

地火明夷　　坤上 離下

明夷：利艱貞。

象傳：明入地中，明夷；君子以蒞眾，用晦而明。

明夷：象徵毀滅、受傷。當處於非常惡劣的情勢下，遇到
　　　困難就應遵循有利的方向，要經得起困難之歷練與
　　　考驗，且不能偏離正道。

象傳：太陽西下地中，代表光明被遮蓋住。君子深悟從黑
　　　暗中更能看清楚事情，引導群眾脫離險境，走向光
　　　明。

建言：柳暗花明又一村。

初九：明夷于飛，垂其翼；君子于行，三日不食。有攸
　　　往，主人有言。

象傳：君子于行，義不食也。

初九：因為昏君道義無存，君子急於出走退隱，像鳥垂翼
　　　低飛；因為急於尋求庇護之所，甚至三天都未進
　　　食，所到之處，還遭到閒言閒語。

象傳：君子急於退隱，尋求庇護之所；為了義理，寧願挨
　　　餓不食。

建言：明哲保身。

六二：明夷，夷于左股，用拯馬壯，吉。

象傳：六二之吉，順以則也。

六二：在惡劣的環境下，無法發揮才能，好像左腳被小人

所傷，但急於挽救頹勢，利用壯馬以解不能行走之困。意喻要打起精神，堅持到底，一定吉祥。

象傳：吉祥，乃因遵循正道原則。

建言：不放棄一線生機或希望。

九三：明夷於南狩，得其大首，不可疾貞。

象傳：南狩之志，乃大得也。

九三：為了推翻昏君暴政，爭取政權的刺殺行動，要秘密進行，可利用皇家狩獵至南方的機會；這任務必須列為最高機密，且不能操之急切。

象傳：利用皇家狩獵至南方的機會，推翻昏君，頗有收穫。

建言：操之過急，容易出事。

六四：入于左腹，獲明夷之心，于出門庭。

象傳：入于左腹，獲心意也。

六四：透過君王之心腹近臣，可就近暗中探尋君王之動靜及黑暗面，瞭解內情內幕；當然對君王所思甚為瞭解，然後斷然有退避之打算與意圖。因為情事已無法回天，對君王絕望至極決定出走。

象傳：滲透去瞭解黑暗內幕，進而知道君王之隱患。

建言：識時務為俊傑。

六五：箕子之明夷，利貞。
象傳：箕子之貞，明不可息也。

六五：箕子裝瘋賣傻，隱藏智慧，應用策略以避禍。事實
　　　上，他並不瘋，只是顧全大局，因為決意離開，顯
　　　然是暴露君王的罪行。
象傳：箕子之守正精神，象徵光明是不會熄滅的。
建言：犧牲小我，完成大我。

上六：不明晦，初登于天，後入于地。
象傳：初登于天，照四國也；後入于地，失則也。

上六：黑暗到了極點，像儲君剛即王位，初期收到高度風
　　　評，但後來昏庸愚昧，把朝廷搞成一團亂，導致遭
　　　人唾棄。
象傳：儲君剛即王位，初期收到高度風評，但後來昏庸愚
　　　昧，把朝廷搞成一團亂，導致遭人唾棄。因為他違
　　　背王道的原則。
建言：多行不義必自斃。

三十七、家人

巽上 離下

風火家人

家人：利女貞。

象傳：風自火出，家人；君子以言有物而行有恆。

家人：家庭成員。妻子負責家務，儉樸持家協助丈夫。家
　　　道之興衰大部份落在妻子身上，女子從一而終，堅
　　　持賢德，有利正道。

象傳：風生火起，代表社會道德禮節來自於家庭，君子應
　　　更加謹慎，言行有據，行事持之以恆。

**建言：家道興衰端視家庭和諧、容忍、真誠與主婦儉樸持
　　　家。**

初九：閑有家，悔亡。

象傳：閑有家，志未變也。

初九：起先就有家規，防患未然，悔恨就不會發生。

象傳：家人都同意的家規，任何衝擊不會改變其心志。

建言：事先的家庭教誨，重於事後之彌補。

六二：無攸遂，在中饋，貞吉。

象傳：六二之吉，順以巽也。

六二：人妻不參與家庭以外事務，專為家庭與家中飲食事
　　　宜，表面上顯然她並無特別貢獻於家，但其謹守謙
　　　遜、中道德行，也不干涉丈夫事務。

象傳：人妻做好家事，丈夫無後顧之憂，因為她謙遜柔
　　　順。

建言：各就其位，各盡宜職。
　　　家和萬事興。

九三：家人嗃[24]嗃，悔厲，吉；婦子嘻嘻，終吝。

象傳：家人嗃嗃，未失也；婦子嘻嘻，失家節也。

九三：情願家規嚴厲一點，蒙受抱怨，也不願疏失放縱。
　　　雖然會有悔恨，但長遠看來是吉祥。若任由自我，
　　　家人將會失去節制，家道終會衰落。

象傳：雖然家人抱怨家規嚴厲，但不失序；若任由家人自
　　　我，則有失禮節。

建言：家道中落，多是家教不嚴。

註 24：嗃ㄏㄜ、，嚴酷。

六四：富家，大吉。
象傳：富家大吉，順在位也。

六四：能夠讓家庭富足，大大吉祥。
象傳：家庭富足，大部份來自主婦的貢獻與謙遜。
建言：同甘共苦。

九五：王假有家，勿恤，吉。
象傳：王假有家，交相愛也。

九五：君王以其德，齊家治國，無須憂勞，吉祥。
象傳：君王齊家等同是治國有道，吉祥是由於皇室人員與
　　　國人相親相愛，像個大家庭。
建言：大愛。

上九：有孚，威如，終吉。
象傳：威如之吉，反身之謂也。

上九：一家之主誠信，其個人會給家人威嚴信賴的形象。
象傳：一家之主誠信，其個人會給家人威嚴信賴的形象，
　　　這是平時反躬自省得來的。
建言：治家也須要威嚴。

三十八、睽

離上 兌下

火澤睽

睽：小事吉。

象傳：上火下澤，睽；君子以同而異。

睽：對立，背離。這是乖離的世代，由於個性，志趣的不
　　同，人們常有事與願違之情形，因此為人處事要謹言
　　慎行。

象傳：水火不容，象徵對立、背離。君子應擴大心胸，包
　　　容差異，尋求異中求同。

建言：異中求同。

初九：悔亡，喪馬勿逐，自復；見惡人，無咎。

象傳：見惡人，以辟咎也。

初九：乖離的時代，寬容與包容能讓對方釋懷，悔恨就會
　　　消失。就好像走失一匹馬，不必刻意追趕，因為這
　　　匹馬不馴，越追逐，牠跑越遠；順其自然，該匹馬
　　　會自己回來。同理，與你對立之人要會見你，不要
　　　拒絕，只要敷衍一下，避免曲解與對立持續擴大。

象傳：對立之人要會見你，不要拒絕，只要敷衍一下，避

免曲解與對立持續擴大。

建言：來者不拒，消除隔閡，禮貌接待。

九二：遇主于巷，無咎。

象傳：遇主于巷，未失道也。

九二：為了公事與上司相遇巷內，雖然不符合慣例，但沒
　　　有過錯；意喻落魄沮喪。

象傳：只要不是為了私利，與上司相約在巷道見面，沒有
　　　違背原則與正道。

建言：權變，委曲求全。

六三：見輿曳，其牛掣，其人天且劓，無初有終。

象傳：見輿曳，位不當也；無初有終，遇剛也。

六三：人際關係受到嚴重阻礙，好像一部牛車向後拉。牛
　　　受制無法前進，因而車子翻覆，駕駛人受傷；如同
　　　犯人受到割鼻，額頭被刺青的刑法。雖然剛開始時
　　　遭受折磨，但車子最終還是抵達目的地。意喻不同
　　　方向施力使得自相摩擦內耗，應捨棄主觀意識，異
　　　中求同。

象傳：車子向後拉，而牛向前拉車子，車子動彈不得，仍
　　　在原地。但若二力取得協調一致，可以讓車子前

行。

建言：內耗等於自相殘殺。

　　　人生難免有障礙，只要不氣餒，機會人人有。

九四：睽孤，遇元夫，交孚，厲無咎。

象傳：交孚無咎，志行也。

九四：處於乖離，兩個孤立無援的人相遇，彼此面臨到相
　　　同的窘境，化解誤會，真誠合作，最後避免了災
　　　禍。

象傳：真誠結交朋友，擺脫孤獨的願望，可以實現。

建言：患難之交。

六五：悔亡，厥宗噬膚，往何咎？

象傳：厥宗噬膚，往有慶也。

六五：假使以柔順中道，為人處事，就能逢凶化吉，乖離
　　　也會轉為和合，悔恨自然消失。宗親都期待和合，
　　　就像吃嫩肉一樣容易，前往有何不便？

象傳：和合的氣氛像宗親吃嫩肉一樣，印證將有喜慶之
　　　事。

建言：唇齒相依。

上九：睽孤，見豕負塗，載鬼一車，先張之弧，後說之
　　　弧。匪寇，婚媾。往，遇雨則吉。
象傳：遇雨之吉，群疑亡也。

上九：乖離走到極端。人因為缺乏自信，也沒有親信，容
　　　易疑神疑鬼，誤把跟隨者當作車上滿身汙泥的豬；
　　　正當提弓要射，發現來者不是強匪，而是提親隊
　　　伍。一場雨清除汙泥，化解誤會。
象傳：一場雨清除汙泥，化解誤會。
建言：化解疑慮，冰釋誤會。
　　　蛇影杯弓。

三十九、蹇

坎上 艮下

水山蹇

蹇：利西南，不利東北。利見大人。貞吉。
象傳：山上有水，蹇；君子以反身修德。

蹇：艱難，跛足。在艱困下，朝西南方平坦之路行進，不
　　　利往東北陡坡行進；此時有利拜見大人物，尋求克服
　　　艱難之道。
象傳：山上有水，山上水沖刷必是險峻之象。君子碰到困

難時，應反求自己，修身進德。

建言：遇到困難或挫折，須先冷靜分析主客觀，並反躬自省。

撥亂反正。

初六：往蹇，來譽。

象傳：往蹇，來譽，宜待也。

初六：碰到困難，最好暫時退回安全處所，因為情勢不對，所以不可貿然躁進，須等待時機，反而將會得到稱譽。

象傳：碰到困難最好暫時退回安全處所，將贏得讚譽，因為認清局勢，寧願待時而動。

建言：止，非永遠靜止不動，而是休息，要走更長遠的路。

六二：王臣蹇蹇，匪躬之故。

象傳：王臣蹇蹇，終無尤也。

六二：國家有難，群臣都會挺身而出，為君王尋找解決方案。雖然時機不宜，但他們職責所在，不顧個人利益，且不退縮。

象傳：群臣躬忠體國，始終無怨尤。

建言：不計毀譽，盡忠職守。

九三：往蹇，來反。

象傳：往蹇，來反，內喜之也。

九三：面臨艱難，不如退回安全之所，自我反省，找出解
　　　決方案，而不是盲目前進。

象傳：碰到艱難，知進退。因為他得到珍貴的經驗，內心
　　　充滿喜悅。

建言：以退為進。

**　　　休養生息，再出發。**

六四：往蹇，來連。

象傳：往蹇，來連，當位實也。

六四：前進也難，後退也難，簡直是腹背受敵。應自己多
　　　檢討，尋求志同道合者協助，這才是務實的作法。

象傳：前進也難，後退也難，簡直是腹背受敵，需要聯合
　　　志同道合的同志，以增強實力。

建言：工作務實贏得信任。

九五：大蹇，朋來。

象傳：大蹇，朋來，以中節也。

九五：當處在極大艱難之中，許多志同道合者，都前來協助。

象傳：當處在極大艱難之中，許多志同道合者，都前來協助；因為過去善待朋友，恪守中道之緣故。

建言：德不孤必有鄰。

上六：往蹇，來碩，吉，利見大人。

象傳：往蹇，來碩，志在內也；利見大人，以從貴也。

上六：行進中從未碰到如此空前的困難，這不是一個人可以克服的，必須返回進修德業，並聽從德高望重大人物的意見，吉祥。

象傳：行進中從未碰到如此空前的困難，心志已定，但能夠聽從德高望重之大人物意見，這是難能可貴的。

建言：單打獨鬥，不如尋求眾人之支持。

不經歷風雨，怎有彩虹。

四十、解 _{ㄒㄧㄝˇ}

雷水解　　　震上 坎下

解：利西南，無所往，其來復，吉；有攸往，夙吉。

象傳：雷雨作，解；君子以赦過宥罪。

解：解除困難，走向西南方平坦之路。意喻脫離險境，到
　　達安全之所。險難解除後應充份與民休養，但遇到緊
　　急災難救援，要越快越好，不能耽誤。

象傳：雷雨交作，冬寒的閉塞解除了，萬物復甦。君子應
　　　效法此精神，豁免或減輕罪犯刑期，實行仁政措
　　　施，給予罪犯自新機會。

建言：德育比寬緩罪行更重要。

初六：無咎。

象傳：剛柔之際，義無咎也。

初六：初期就迅速把困難解決，並改正錯誤。在正道來
　　　說，理當沒有災禍。

象傳：待人行事合乎義理，沒有過錯。

建言：和衷共濟。

九二：田獲三狐，得黃矢，貞吉。

象傳：九二貞吉，得中道也。

九二：打獵時，捕獲三隻狐狸，在狐狸身上找到銅箭頭。

三隻狐狸比喻隱患,而銅箭頭比喻正直君子;意喻解除險難,需要有正直的君子。

象傳:得到正直君子,就是得到中道,不偏不倚。

建言:解決困境,先消除內在憂患。

六三:負且乘,致寇至,貞吝。

象傳:負且乘,亦可醜也;自我致戎,又誰咎也?

六三:乘坐車子,習慣把荷重之物置放地上,但卻仍背負著。難怪遭搶匪覬覦,這是自找的。

象傳:乘坐車子,習慣把荷重之物置放地上,但他卻仍背負著,其行徑醜陋且可疑,遭搶匪覬覦,這能怪誰呢?

建言:別自找麻煩。

九四:解而拇,朋至斯孚。

象傳:解而拇,未當位也。

九四:去除大拇趾之雞眼,就像斷絕與小人之糾纏,贏得君子信心;君子及時採取防備措施,避免災禍發酵,因此志同道合者前來親附。

象傳:容易被小人糾纏是因為自己不當的行為。

建言:近朱者赤,近墨者黑。

六五：君子維有解，吉，有孚于小人。

象傳：君子有解，小人退也。

六五：君子斷然去除小人之糾纏，吉祥。其真誠與決心迫
　　　使小人去惡，知難而退。

象傳：君子斷然去除小人之糾纏，小人自然會畏懼退縮。

建言：遠離小人，困難自然紓解。

上六：公用射隼于高墉之上，獲之，無不利。

象傳：公用射隼，以解悖也。

上六：侯爵張弓，射下站在高牆上凶猛之隼鷹。隼鷹凶猛
　　　站在高牆上而不在森林裡，意喻大好時機，因此驅
　　　逐小人要斷然。

象傳：侯爵張弓，射下站在高牆上凶猛之隼鷹，解除了險
　　　難；意喻侯爵為民除害。

建言：斬草除根。

四十一、損

山澤損　　艮上 兌下

損：有孚，元吉，無咎。可貞，利有攸往。曷之用？二簋
　　可用享。

象傳：山下有澤，損，君子以懲忿窒欲。

損：減損、損耗、節省。減損，得到大家的認同，合乎正
　　道，大吉。節省，這項原則沒有錯，應堅持下去。減
　　損運用在古代祭祀，兩碗祭品加上虔誠就夠了，雖然
　　形式上是減損了祭品，但真誠還是可被神明接受的。

象傳：山下有澤，山之土受到減損，猶如人民之稅負加
　　　重，這是人民過度之減損。君子體會減損之意，抑
　　　制其個人忿怒，約束貪念與私欲。

建言：有來有往，禮輕情義重。

初九：已事遄[25]往，無咎。酌損之。

象傳：已事遄往，尚合志也。

初九：自己的工作完成後，立即投入增益別人之事。本質

註 25：遄ㄔㄨㄢ ˊ，迅速地。

上並無不對，但增益別人須先衡量自己的能力。

象傳：做善行應先量力而為，符合減損與增益雙方的期
待。總而言之，減損自己與增益別人，應量力而
行。

建言：量力而為。

九二：利貞。征凶，弗損，益之。

象傳：九二利貞，中以為志也。

九二：行為應符合正道。雖然捨棄了自己的利益為別人，
是很好的事，但如果能夠不減損自己卻能增益別
人，是再好不過了。

象傳：要堅持守正道，但前提要看自己之能力而增益他
人。

**建言：減損與增益應具彈性運用，不可拘泥形式。否則一
個貿然的決定，不僅沒有幫助，反而是阻礙。**

六三：三人行，則損一人，一人行，則得其友。

象傳：一人行，三則疑也。

六三：永遠的均衡，始可製造平衡。兩個恰恰好，三個就
擁擠。三人同行，兩人較契和；第三人被疏遠，就
破壞了平衡，第三人就會尋求自己的平衡。

象傳：一人獨行，他會找另一人來契和，但是三人同行
　　　時，第三人容易有疑慮，自會尋求他的平衡。

建言：折衷並尋求平衡。

六四：損其疾，使遄有喜，無咎。
象傳：損其疾，亦可喜也。

六四：治癒疾病、恢復健康是歡悅的事，沒有禍害。
象傳：減輕疾病與改正壞習慣，不失為是增益自己，是一
　　　件快樂歡悅的事。

建言：天助自助者。

六五：或益之，十朋之龜，弗克違，元吉。
象傳：六五元吉，自上祐也。

六五：減損自己，增益他人，獲得十朋龜的回報。這是出
　　　自意願的回饋，不可回絕。大吉大利。
象傳：得到上天之福報，因為謙遜損己，增益他人。

建言：減損自己與增益他人，是件贏得人心的事。

上九：弗損益之，無咎，貞吉，利有攸往，得臣無家。
象傳：弗損益之，大得志也。

上九：基本上，不減損人民，而是增益人民，沒有咎害；
　　　因為符合正道。君王之政策能根據這原則執行，
　　　群臣會全心全意奉獻力量於國家，甚至忘記自己有
　　　家。

象傳：不減損人民，而增益人民，這是施惠於民的心願。

建言：減損或增益，視情況而定，則人民信服。

　　　自損益人，也是對人民的一種回饋。

四十二、益

風雷益　　　巽上　震下

益：利有攸往。利涉大川。

象傳：風雷，益；君子以見善則遷，有過則改。

益：增加受益。減損上方之有餘來增補下方之不足，像上
　　方體恤人民，減損其物質享受來增益人民。因此，即
　　使有困難，也會同心協力去克服(渡河)。

象傳：風雷動，代表風雷互長氣勢，彼此增益。君子體會
　　　應像風之毫不猶豫，跟隨學習；像雷之斷然，改正
　　　其缺點。

建言：君子需多關注自己、修德悔過。

　　　助人不求回報。

初九：利用為大作，元吉，無咎。

象傳：元吉，無咎，下不厚事也。

初九：如果能夠得到上級充份授權與支持，應用自己的才
　　　幹而有所作為，大吉，沒有禍害。

象傳：由於位階低，無法勝任大事；除非他被授權，否則
　　　期望甚高，也無法成就大業。

建言：知遇之恩。

六二：或益之，十朋之龜，弗克違，永貞吉。王用享於
　　　帝，吉。

象傳：或益之，自外來也。

六二：有人贈送很多珍貴的禮物 (十朋之龜) ，不必辭謝，
　　　受了此益應永遠誠正，君王以此獻祭天帝，吉祥。

象傳：有人贈送很多珍貴的禮物，這是身外之物，受了此
　　　益，應永遠誠正。

建言：錦上添花，好上更好。
**　　　種瓜得瓜，種豆得豆。**

六三：益之用凶事，無咎。有孚中行。告公用圭。

象傳：益用凶事，固有之也。

六三：飢荒之年，賑災在真誠與中庸的前提下，沒有咎
　　　失；但要先忠實稟告飢荒的情況，並請示應急賑
　　　災。

象傳：賑災物資來自於民，這僅是辦好自己的角色，盡到
　　　自己應盡的責任而已。

建言：取之於民，用之於民。

六四：中行告公從，利用為依遷國。

象傳：告公從，以益志也。

六四：災荒時，人民承受災難之苦，人民最大的增益，莫
　　　大於遷都至富庶之地。既然遷都有利於民，報告王
　　　公同意執行，這是中正之德，能依據民意遷都，則
　　　無往不利。

象傳：報告王公同意執行遷都，既嘉惠人民，也是最大之
　　　增益於民，這是他們的心願。

**建言：為了整體之利益，所有措施都必須符合民意、順從
　　　民意。**

九五：有孚惠心，勿問元吉。有孚惠我德。

象傳：有孚惠心，勿問之矣；惠我德，大得志也。

六五：凡事能以至誠之心，增益人民，沒有必要對民意再

作滿意度調查，就是大吉。相對地，人民也會回報恩德。

象傳：不需要對增益人民的事再作調查；顯然，人民的回饋就可驗證心志是否實現。

建言：施比受更有福。

上九：莫益之，或擊之。立心勿恆，凶。

象傳：莫益之，偏辭也。或擊之，自外來也。

上九：本質上，增益人民是其本職，但持之無恆，甚至被控訴剝削人民，難怪會遭受人民的攻擊，因為違反常理，有凶險。

象傳：無人支持，這是個人偏頗之辭，遭受人民攻擊，就像外來之橫禍。

建言：居高位貪得無厭，偏己營私，招致眾怨。

四十三、夬 (ㄍㄨㄞˋ)

澤天夬　　兌上 乾下

夬：揚于王庭，孚號有厲，告自邑。不利即戎，利有攸往。

象傳：澤上於天，夬；君子以施祿及下，居德則忌。

夬：切斷，制裁。揭發小人之犯行，達到遏阻之效，同時
　　警誡自己的邑民，不可違法亂紀。制裁小人應有充份
　　的準備，給小人致命的一擊。

象傳：水氣升天，像要下雨。君子悟此天象，若不施惠於
　　　民，僅顧及私人利益，這是君子所忌諱的。

建言：姑息養奸。

初九：壯于前趾，往不勝為咎。

象傳：不勝而往，咎也。

初九：仗著腳趾強壯，貿然前進挑戰，將會面臨困境。意
　　　喻初生之犢，有勇無謀，毫無準備容易吃虧。

象傳：沒有把握會贏，但貿然前往，會遭到災害。

建言：有勇無謀；暴虎馮河。

九二：惕號，莫夜有戎，勿恤。

象傳：有戎勿恤，得中道也。

九二：面對小人，應隨時警覺戒備可能之攻擊。如果有充
　　　份準備，就不用擔憂任何夜襲。意喻隨時面對任何
　　　挑戰。

象傳：面對小人，如果有充份的準備，就不用擔憂任何突
　　　襲，因為堅持中道之故。

建言：有備無患。

九三：壯于頄[26]，有凶。君子夬夬，獨行遇雨，若濡有
　　　慍，無咎。

象傳：君子夬夬，終無咎也。

九三：若君子有不高興的怒顏顯現在清除小人的決心時，
　　　將會招致災害，因為他已顯現敵意。如果下決心清
　　　除小人，應像路人走在雨中，即使他已濕透衣服，
　　　隱藏著不悅，其外表仍沉著穩重。若能沉著應事，
　　　小人會被制裁與瓦解，沒有咎害。

象傳：君子決裂小人的決心，不會有咎害。

建言：忍辱負重。

九四：臀無膚，其行次且。牽羊悔亡，聞言不信。

象傳：其行次且，位不當也；聞言不信，聰不明也。

九四：去除小人，行動務必要堅決，若猶豫不決是無法成
　　　事的。如同牧羊人不會拉羊，而是跟在羊後，應聽

註 26：頄ㄑㄧㄡˊ，臉。

從有德者。如果聽從建言，就不會有悔恨；但若聽
而不行動，就會誤事。

象傳：去除小人，行動務必要堅決。如果猶豫不決，不聽
信有德者，或只是聽到，而聽不進去的話，實際上
就不夠聰明。

建言：進退失據；無所適從。

聰明反被聰明誤。

九五：莧陸夬夬，中行無咎。

象傳：中行無咎，中未光也。

九五：去除小人，像除去柔脆的馬齒莧，做法要快速，不
能猶豫。如果過程合乎情理，堅守中道，不會有禍
害。

象傳：最好是感化小人，讓其改過遷善。若是做不到，就
功虧一簣，無法發揮中道精神。

**建言：去除小人必須堅決，即使有私人考量，也不能猶
豫。**

上六：無號，終有凶。

象傳：無號之凶，終不可長也。

上六：小人無法無天，終究要面對懲處。小人再哀號、悔

悟。也無法改變情況,最終還是凶險。

象傳:小人奸佞惡行之氣勢,終將毀滅,其囂張也不會長
　　　久的。

建言:財富若來自不公不義、自我膨脹,最終無法長久。

四十四、姤

天風姤　　　乾上 巽下

姤:女壯,勿用取女。

象傳:天下有風,姤;后以施命誥四方。

姤:邂逅,不期而遇。該少女性慾強,同時邂逅周旋於五
　　　個男性,與世俗違背,這種淫蕩女子,不可娶作妻
　　　子。

象傳:風吹起時,天底下萬物皆不期而遇。君王領悟風行
　　　天下,頒布法令於全國。

**建言:一見鍾情或邂逅情侶無可非議,是好是壞無法立
　　　判,端視其身份、已未婚或動機良否而定。**

初六:繫于金柅27,貞吉。有攸往,見凶,羸豕孚蹢
　　　躅28。

象傳：繫於金柅，柔道牽也。

初六：嚴密監控小人以防止擾亂，猶如剎車軸，避免行車
　　　危險，守正則吉；反之，過份縱容，君子將受小人
　　　的迫害，會有凶險。像一隻瘦弱母豬徘徊 (小人伺
　　　機)，躁動不安。此時，若以靜制動，就不會有凶
　　　險。

象傳：小人躁動不安，應受到約束，猶如車子需要剎車
　　　軸。

建言：防微杜漸。

　　　以靜制動。

九二：包有魚，無咎，不利賓。

象傳：包有魚，義不及賓也。

九二：廚房偶然發現有魚未烹煮，沒有咎害。這些魚不是
　　　我的，不可以用來招待客人。意喻非經允許，不可
　　　隨意取用。

象傳：廚房發現有魚未烹煮，沒有得到主人的同意，不可
　　　烹煮招待客人。義理上，未得到授權同意，拿魚去
　　　招待客人，應予禁止。

註27：柅ㄋㄧˇ，古時剎車之木條。

註28：蹢ㄓˊ躅ㄓㄨˊ，來回走。

建言：不取不公不義之財。

九三：臀無膚，其行次且，厲，無大咎。
象傳：其行次且，行未牽也。

九三：因為臀部受傷，行動不便，進退失據，是受到小人
　　　牽制的緣故。意味著時勢不利於他，如果勉強前
　　　行，勢必有不幸的事發生；反之，審時度勢，就無
　　　禍害。
象傳：行動不便，進退失據，因受到小人牽制的緣故。
建言：不與小人有牽扯才安全。

九四：包無魚，起凶。
象傳：無魚之凶，遠民也。

九四：廚房找不到魚，若因此有了爭執，會有凶險。
象傳：廚房找不到魚，若因此有了爭執，會有凶險。意喻
　　　君王無法約束小人，遠離民意，無法取得人民的信
　　　任，將會有凶險。
建言：事前沒有準備，一切落空了。

九五：以杞包瓜，含章，有隕自天。

象傳：九五含章，中正也；有隕自天，志不舍命也。

九五：巨大的杞樹，以其豐茂的樹蔭保護底下之瓜果，就
　　　如有德君王為了國家，殷切求賢求能。君王之求取
　　　賢能與包容，保護其臣民，而小人會像隕石，從天
　　　敗落下來。

象傳：君王以中道之德，殷切求取天降之遇合，不違背天
　　　命。

建言：求賢若渴。

上九：姤其角，吝，無咎。

象傳：姤其角，上窮吝也。

上九：事事不願牽就與人溝通，難免會有遺憾，當然受到
　　　孤立與排擠；如同被逼到死角一樣，基本上他只是
　　　孤傲，畢竟沒有禍害。

象傳：個性孤傲，不願牽就與人溝通，他受到孤立如同被
　　　逼到死角；實際上他已窮途末路。

建言：超凡脫俗，與世無爭。

四十五、萃

澤地萃　　　兌上 坤下

萃：亨，王假有廟。利見大人，亨，利貞。用大牲，吉。
　　利有攸往。

象傳：澤上於地，萃；君子以除戎器，戒不虞。

萃：聚集，君王到宗廟祭祀，並利用機會與有德者見面，
　　藉以諮商請益，但聚集之前提是動機要純正，否則就
　　成為動亂。用大牲畜獻祭後，宴請賢能，吉祥。

象傳：水匯集入澤，就是聚集。水匯集入澤，包含著不同
　　混雜物，如沙石等，代表聚集群眾份子混雜。君子
　　體察到軍備保養之重要性，以防備暴動不時之需。

建言：興盛衰弱，不外乎聚合與離散。

初六：有孚不終，乃亂乃萃，若號，一握為笑，勿恤，
　　往，無咎。

象傳：乃亂乃萃，其志亂也。

初六：如果誠信無法延續到最後，會導致聚會混亂。如果
　　能以正義之師號召同志，他們必然握手言歡，沒有
　　憂慮。這種聚會一定可以有所作為，沒有禍害。

象傳：聚會有時井然有序，有時混亂，因為彼此心志不一
　　　致。

建言：有誠信才有機會。

六二：引吉，無咎。孚乃利用禴。

象傳：引吉無咎，中未變也。

六二：被引導相聚，吉祥，沒有咎害。以真誠替代豐厚禮
　　　物，就像祭祀中僅呈供薄禮，雖然不隆重，但還是
　　　可接受的。

象傳：被引導相聚，以真誠替代豐厚禮物。就像祭祀中僅
　　　呈供薄禮，雖然不隆重，但還是可接受的；因為守
　　　正的心志並未改變。

建言：凡事往好的方面想。

六三：萃如嗟如，無攸利，往，無咎，小吝。

象傳：往無咎，上巽也。

六三：雖然聚合在一起商討，但感嘆一些事情仍然懸而未
　　　決，頗有失落之憾。然而，真誠可以化解，而不
　　　會有所遺憾。頂多會有些不方便，但不至於會有災
　　　咎。

象傳：雖然聚合在一起，不會有結論，但順從長者前行無

過，因為有柔順之德。

建言：委曲求全。

九四：大吉，無咎。

象傳：大吉無咎，位不當也。

九四：與群眾聚合的心志已完成，大吉，沒有咎害。因為
　　　能凝聚大眾之意見。

象傳：聚合能凝聚群眾之意見，大吉；但要留意言行，不
　　　要作出與其職位不相稱的事。

建言：當與大眾聚會時，不要以領袖自居。
　　　功高震主。

九五：萃有位，無咎。匪孚，元永貞，悔亡。

象傳：萃有位，志未光也。

九五：聚合時，因為有德行而被大眾認同其位，沒有咎
　　　害。但如果其德未能被認同時，就應自我反省，永
　　　久守正，悔恨就會消失。

象傳：聚合時，因為德行而得其位。但其德卻未能被大眾
　　　認同，因為其德尚未被全面施行之故。

建言：以德服眾。

上六：齎ㄐㄧ 咨ㄗ[29]涕洟，無咎。
象傳：齎咨涕洟，未安上也。

上六：與群眾背離，感到不安與嗟嘆，知道自己處境孤獨
　　　無助；若能深思反省糾正，不會有咎失。
象傳：因群眾背離，感到不安與嗟嘆，是內心尚且未安穩
　　　的緣故。
建言：失敗是成功之母。
　　　遠離群眾、不得民心，應自我反省。

四十六、升

地風升　　　坤上　巽下

升：元亨，用見大人，勿恤，南征，吉。
象傳：地中生木，升；君子以順德，積小以高大。

升：上進、升進，須循序漸進，且能透過大人物之援引，
　　　不用担憂。朝向目標前進，尋求機會，吉祥。
象傳：樹木從土裡長出來，就是升卦。君子應培育德行，

註29：齎ㄐㄧ　咨ㄗ，嗟嘆。

174

如樹木之成長，積少成大德。

建言：循序漸進，不應汲汲營營、追求名利，而是道德培育。

初六：允升，大吉。

象傳：允升大吉，上合志也。

初六：真誠依附大人物，若才能出眾，也能符合大人物的
　　　期待，就有利於被提拔升遷。這是大吉大利的事。

象傳：真誠依附，而被升遷，是大吉大利的事；因為符合
　　　上階者的期待。

建言：成人之美。

　　　升遷是因為信賴與信任的緣故。

　　　謀事在人，成事在天。

九二：孚乃利用禴，無咎。

象傳：九二之孚，有喜也。

九二：真誠，會成功地創造升遷機會。即使只準備簡單的
　　　祭品，但以虔敬的敬神態度，就可得到人民的支持
　　　與認同。這是升遷的進階，沒有咎害。

象傳：真誠，會成功地創造升遷。即使只準備簡單的祭
　　　品，以虔敬的敬神態度，就可得到人民的支持與認

同。這是升遷的進階，會帶來喜慶之事。

建言：種瓜得瓜。

九三：升虛邑。

象傳：升虛邑，無所疑也。

九三：順利升遷，如入無人之城邑。

象傳：未來發展，沒有憂慮，前程似錦。

建言：少說多做，前程似錦，如入無人之境。

六四：王用亨於岐山，吉，無咎。

象傳：王用亨於岐山，順事也。

六四：君王每年祭祀，祈求國泰民安於岐山，體恤人民；
　　　吉祥，沒有禍害。

象傳：君王與人民每年祭祀，具有共同心願，順應天理和
　　　民心。

建言：順上親下。

六五：貞吉，升階。

象傳：貞吉升階，大得志也。

六五：言行持正，合乎正道，讓人有機會步步高昇。

象傳：言行合於正道，讓人有機會步步高昇，因為有積極
　　　的心志。

建言：知人善任。

上六：冥升，立於不息之貞。

象傳：冥升在上，消不富也。

上六：盲目追求物質欲望與昇遷，應適可而止，但守正之
　　　事仍不可怠惰。

象傳：盲目追求物質欲望與昇遷，等於自取滅亡。

建言：功業顯赫一時，德業流芳百世。

四十七、困

澤水困　　　兌上 坎下

困：亨。貞，大人吉，無咎。有言不信。

象傳：澤無水，困；君子以致命遂志。

困：陷於貧困，困境，克服困難，走出困境，吉祥。如堅
　　　守正道，透過大人物協助，能轉困厄為亨通，不至於

有災。陷於貧窮困境仍能安於現狀，所以待人處事都
能通達。貧困常無法使人信服，因為貧困者言行不被
認同，因此寧可少言。

象傳：澤中無水，陷於貧窮困境，君子寧願犧牲自己的生
　　　命，也要達到崇高理想，而不屈辱求榮。

建言：人微言輕。

初六：臀困于株木，入於幽谷，三歲不覿。

象傳：入于幽谷，幽不明也。

初六：陷於貧困無助，退卻至幽谷之中，好像臀部坐在樹
　　　椿上，簡直坐困愁城，三年都走不出來。

象傳：因為長期退卻於深谷之中，不為人知，成為平凡沒
　　　有作為之人。

建言：人窮志短。
　　　　身處困境，一旦開闊，萬難瞬解。

九二：困于酒食，朱紱方來。利用享祀。征凶，無咎。

象傳：困於酒食，中有慶也。

九二：陷困於酒食，很快蒙受恩賜官職。此時應於祭祀中
　　　祈求庇佑賜福，避免失去榮祿，再回到貧困，這無
　　　咎害。

象傳：坐困愁城，只要守正，很快就會有喜慶之事。

建言：安貧樂道。

六三：困于石，據于蒺藜[30]，入于其宮，不見其妻，凶。

象傳：據于蒺藜，乘剛也；入于其宮，不見其妻，不祥也。

六三：受困，陷於極度苦惱困頓，有如重石壓身，坐在多刺的蒺藜上，簡直腹背受敵。回到家見不到妻子，有凶險。

象傳：坐在多刺的蒺藜上，簡直腹背受敵。回到家見不到妻子，這是不吉之兆。

建言：只有智慧與毅力，可以排除壓抑。

陷外遇而不知自拔，咎由自取。

九四：來徐徐，困于金車，吝，有終。

象傳：來徐徐，志在下也；雖不當位，有與也。

九四：乘座之豪華馬車來晚了，路途中遇到意外事故。意喻權貴有時也會不預期碰到意外，這困難是臨時

註30：蒺ㄐㄧ／ 藜ㄌㄧ／，海邊沙地之草有刺。

的，但最終能擺脫困境。

象傳：雖然車子來晚了，情況似乎不會好轉；意喻心願難
　　　以實現。但若耐心等下去，終會有相應之助出現。

建言：需要幫助的時候，往往就是慢到。

九五：劓--刖，困于赤紱，乃徐有說，利用祭祀。

象傳：劓刖，志未得也；乃徐有說，以中直也；利用祭
　　　祀，受福也。

九五：被權貴迫害，遭到割鼻斷腳之刑，陷入極端之困
　　　境。最後終究脫離了困境，洗清罪名，利用祭祀，
　　　告慰祖先。

象傳：遭到割鼻之酷刑，真是不得志。但因能守正，逐漸
　　　脫離刑責，利用祭祀告慰祖先，並受到神之恩澤。

建言：嚴刑峻罰，不如德化。

上六：困于葛藟，于臲卼[31]；曰動悔，有悔，征吉。

象傳：困于葛藟，未當也，動悔，有悔，吉行也。

上六：處極端困境，猶如身陷藤蔓之中，動彈不得。如果
　　　魯莽行事會有悔恨；若能改邪歸正，吉祥。

註31：臲ㄋㄧㄝˋ、卼ㄨˋ，動搖不安。

象傳：處極端困境，猶如身陷藤蔓之中。因為過往之不當行為，若能悔改，吉祥。

建言：困於眾說紛紜，如果能守正，就不會亂。

四十八、井

水風井　　　　　坎上 巽下

井：改邑不改井，無喪無得。往來井井。汔至，亦未繘[32]井，羸其瓶，凶。

象傳：木上有水，井；君子以勞民勸相。

井：井水取之不盡；城邑可以改變，但井無法改變。井水不會減少，也不會上升，居民經常自井汲水飲用，井水仍然潔淨。汲水到達井口時，因為汲水繩索未張開，水桶碰撞翻覆，凶險。

象傳：樹自地中吸水至頂；意喻人們自井汲水，井水取之不盡，用之不竭。君子悟井之美德，服務人民，無怨無悔。鼓勵人民勤奮工作，改善生活。

建言：不可功虧一簣。

註32：繘ㄩˋ，取井水之繩。

初六：井泥不食。舊井無禽。
象傳：井泥不食，下也；舊井無禽，時舍也。

初六：此井已經很久沒有使用了，井水已遭井泥污染，無
　　　法飲用，鳥禽也不來飲用。因為井已曠日費時很
　　　久，該井已被廢棄。
象傳：此井已經很久沒有使用了，井水已遭井泥污染，無
　　　法飲用。鳥禽也不來飲用，此井已被廢棄。
建言：跟不上時代的人，注定會被淘汰。

九二：井谷射鮒[33]，甕敝漏。
象傳：井谷射鮒，無與也。

九二：井底流出少許的水，僅足夠小魚存活，人們已不再
　　　使用該井了。猶如破水桶漏水，無法用來汲水。
象傳：井底流出少許的水，意喻賢德之士找不到知音。
建言：懷才不遇。
　　　即使飽學，若生不逢時也無用。

九三：井渫[34]不食，為我心惻。可用汲，王明並受其福。

註33：鮒ㄈㄨ丶，小鯽魚。
註34：渫ㄒㄧㄝ丶，掏出污泥。

象傳：井渫不食，行惻也。求王明，受福也。

九三：井已經去除汙泥，井水純淨了，但仍無人來飲用，
　　　很可惜。意喻此時賢能應被推舉任用，此乃全民之
　　　福。

象傳：井已經去除汙泥，井水純淨了，但仍無人飲用，很
　　　可惜。如果君王睿智，能任用賢達，是百姓之福。

建言：生不逢時。
　　　時不我予。

六四：井甃[35]，無咎。
象傳：井甃無咎，修井也。

六四：井正在進行修繕工程，使井水可再飲用。
象傳：君子修德，如整治水井。

建言：樂行公益。
　　　賢能者，應修德充實自己，以待時機。

九五：井洌[36]，寒泉食。
象傳：寒泉之食，中正也。

註 35：甃ㄓㄡ丶，以磚修井壁。
註 36：洌ㄌㄧㄝ丶，清澈的。

九五：水井的清淨寒泉供人飲用，人人喜歡。

象傳：水井提供清涼甘泉與人分享，象徵賢德明君能體現
井德，無私無我，行為不偏不倚，施惠於民。

建言：英雄不問出身低。

上六：井收，勿幕；有孚，元吉。

象傳：元吉在上，大成也。

上六：修井工程完竣，井不需要有井蓋，人人可前來汲
水；這種誠信，大吉祥。

象傳：井德無私施惠於民，是很大的成就。

建言：雍容大度，嘉惠人民，成就大業，皆大歡喜。

四十九、革

澤火革　　　兌上 離下

革：巳日乃孚。元、亨、利、貞，悔亡。
象傳：澤中有火，革；君子以治曆明時。

革：改革。改革經過一段時間之後，人們才逐漸習慣於新
　　政令。人民信服，相信改革前程是具有元始、亨通、
　　順達、堅貞四德。雖然改革過程初期是痛苦的，初期
　　人民會懷疑、觀望，當改革成效逐漸展現出來，人民
　　會轉向支持，自然無悔。
象傳：澤中有火，君子體察制定新曆法，據以為農作四季
　　作息。
建言：改革氣象新。

初九：鞏用黃牛之革。
象傳：鞏用黃牛，不可以有為也。

初九：老一輩的思維是根深蒂固的，就像黃牛皮一樣堅
　　韌。如果改革未徵得其同意，改革初期的運作，將
　　是艱難的。
象傳：改革初期，應遵循柔順之德，而不要有大作為。

建言：時機不成熟，不宜行動。

六二：巳日乃革之，征吉，無咎。

象傳：巳日革之，行有嘉也。

六二：改革機會成熟，毅然從事改革措施，不會受到責
　　　難。

象傳：時機成熟，改革將贏得人民稱讚。

建言：打鐵趁熱。

**　　　掌握時機，進行改革。**

九三：征凶。貞厲。革言三就，有孚。

象傳：革言三就，又何之矣？

九三：改革貿然行動，會遭致不幸。因此，改革要再三費
　　　心討論，並聽取各方意見，達成結論才行動。

象傳：避免改革失敗，聽取各方意見，一再討論；何時才
　　　能確定結論！

建言：改革不是一蹴可及。

九四：悔亡，有孚，改命，吉。

象傳：改命之吉，信志也。

九四：改革過程沒有悔恨，因為至誠與諒解取信於民。成功的改革是建立在民意的基礎上，吉祥。

象傳：改革是依據人民之諒解與信任，沒有悔恨，因為有強烈的心志於改革上。

建言：除舊佈新。

去蕪存菁。

九五：大人虎變，未占有孚。

象傳：大人虎變，其文炳也。

九五：改革領袖大力推行改革，深受人民擁護。改革要給人耳目一新的感覺，就像老虎斑紋蛻毛後光鮮亮麗，百姓多所響應。不需占卜，就知道改革一定成功。

象傳：改革領袖，大力推行改革，其給人耳目一新的感覺，就像老虎斑紋之眩麗，因為改革領袖乃具有中正之德的緣故。

建言：改革要令人有氣象一新的感覺，並取得人民信任與支持。

上六：君子豹變，小人革面，征凶，居貞，吉。

象傳：君子豹變，其文蔚也；小人革面，順以從君也。

上六：君子致力於改革，像豹子蛻毛呈現眩麗外表，但小
　　　人就只是表面敷衍。此時改革已然完成，如果改
　　　革措施繼續下去，會有凶險，因為需要與民休養生
　　　息。

象傳：君子致力改革，其功勳有如豹蛻毛的眩麗。但小人
　　　只在表面認真，其實在敷衍行事，表面上順從改革
　　　領袖而已。

建言：成功的改革者，使人民休養生息。

五十、鼎

離上　巽下

火風鼎

鼎：元吉，亨。

象傳：木上有火，鼎；君子以正位凝命。

鼎：大鍋烹煮之器皿或祭器，也引申為古代之養賢。鼎，
　　　象徵新紀元與君權，吉祥徵兆，也是偉大成就與繁榮
　　　的象徵。

象傳：木在火上燃燒煮食，君子體察其身負重任，應鞏固
　　　新政權，不要辜負人民的期望。

建言：養賢育民是國家的使命。

初六：鼎顛趾，利出否。得妾以其子，無咎。

象傳：鼎顛趾，未悖也。利出否，以從貴也。

初六：傾倒鼎，方便清除鼎中污物，注入新鮮食物，這種
　　　改變沒有禍害。就像為了延續香火，妾生子一樣。

象傳：把鼎中污物清除，除舊佈新，不違背常理，沒有禍
　　　害。

建言：看事情要顧及全面。

九二：鼎有實，我仇有疾，不我能即，吉。

象傳：鼎有實，慎所之也。我仇有疾，終無尤也。

九二：鼎內裝滿食物享用，猶如才德充沛，不怕仇敵之嫉
　　　妒。只要不招惹，他們對我也無可奈何。

象傳：鼎內裝滿食物享用，猶如才德充沛，不怕仇敵之嫉
　　　妒。只要言行謹慎不招惹，他們對我也無可奈何，
　　　不會有怨尤。

建言：有實力就不怕任何挑戰。

　　　公正無私，不循私。

九三：鼎耳革，其行塞，雉膏不食。方雨虧悔，終吉。

象傳：鼎耳革，失其義也。

九三：鼎耳壞了，需要立即修復。沒有鼎耳，無法移動提供鼎內之雉雞美食；除非一場及時雨，降低鼎的溫度，人們才可就近享用美食，吉祥。

象傳：鼎無耳，即失去提供食物的功能。

建言：德才不可偏廢。

九四：鼎折足，覆公餗[37]，其形渥，凶。

象傳：覆公餗，信如何也！

九四：鼎腳折斷，因為負荷太重，鼎翻覆，打翻了王公的佳餚。翻覆食物使王公服飾弄濕，形象尷尬，會有凶險。意喻若無足夠能力與智慧去承擔重責大任，一定會有災難。

象傳：鼎中食物打翻了，意喻能力是否足以承担大任。

建言：知人善任。

六五：鼎黃耳金鉉，利貞。

象傳：鼎黃耳，中以為實也。

六五：改革已經完成，新制度也臻於完善，如同鼎有銅耳金鉉。意喻改革已達到令人滿意之地步。

註37：餗ㄙㄨ、，鼎中食物。

象傳：鼎外有堅固銅耳金鉉可以提鼎，鼎內裝盛食物以饗
　　　客。意喻鼎外有堅毅，內有德行。

建言：實力與形象。

上九：鼎玉鉉，大吉，無不利。
象傳：玉鉉在上，剛柔節也。

上九：鼎鉉上有玉，樣式高雅，大吉而無不利。意喻鼎器
　　　已配置完成。鼎代表君權最高象徵，如果剛柔並
　　　濟，大吉而無不利。
象傳：鼎鉉上有玉，樣式高雅，但鉉上之玉要有節制，不
　　　偏剛，也不偏柔。

建言：剛柔並濟。

五十一、震

震為雷　　震上 震下

震：亨。震來虩^{T一、38}虩，笑言啞啞^{さ、}，震驚百里，不喪匕
　　鬯^{犭尢、39}。

註38：虩ㄒㄧㄍ、，驚恐的樣子。
註39：鬯ㄔㄤ、，古代祭祀用之香酒。

象傳：洊雷，震；君子以恐懼修省。

震：雷聲震動，驅使萬物甦醒。雷聲雖令人震撼恐懼，但
　　君子仍然鎮定自若，笑談風生。其鎮定有如宗廟之祭
　　司，於雷霆震動百里時，仍能握緊祭器及祭酒而不掉
　　落。

象傳：雷聲連續震動，君子體悟須注意自身反省與道德修
　　　持。

建言：憂患意識。

初九：震來虩虩，後笑言啞啞，吉。

象傳：震來虩虩，恐致福也；笑言啞啞，後有則也。

初九：一開始碰到陣陣雷響，人們都懼怕而不知所措，接
　　　著雷響就能沉著以對，談笑風生，吉祥。

象傳：人們都懼怕雷響，從而記取教訓。得知以戒慎恐懼
　　　去面對災難的法則，可轉禍為安，而不失態。

建言：沒有閱歷怎會有資歷。

六二：震來厲，億喪貝，躋于九陵，勿逐，七日得。

象傳：震來厲，乘剛也。

六二：震動來的凶且急，很難預知危險與損失的嚴重，寧

願保全性命逃至高山，捨棄財物。值此重要關鍵時刻，應沉著冷靜，不要在意財物。事過境遷，財物會很快失而復得。

象傳：當不利之事臨身且無力抗拒，應隱忍處置制勝。

建言：留得青山在，不愁沒柴燒。

六三：震蘇蘇，震行無眚。

象傳：震蘇蘇，位不當也。

六三：雷電使人驚嚇，甚至走在土石流中滑倒；意喻為人處事要謹慎，小心避免犯錯。

象傳：雷電使人驚嚇，因為所處的地點不對。

建言：權變。

九四：震遂泥。

象傳：震遂泥，未光也。

九四：因雷電交集，使人驚嚇，不知所措，而滑倒於泥沼之中。

象傳：因雷電交集，使人驚嚇，不知所措，而滑倒於泥沼之中。因為放縱於個人欲望及言行，不夠光明正大。

建言：一朝被蛇咬，十年怕草繩。

六五：震往來，厲，意無喪，有事。
象傳：震往來厲，危行也；其事在中，大無喪也。

六五：雷電交加，隨時都有可能發生意外。雖主觀意識認
　　　定不會有事，但事情往往卻發生，超出你的想像。
象傳：雷電交加，隨時都有可能發生意外。此時更應小
　　　心，謹慎於事。只要正道處事，不偏頗，就一定會
　　　成功。
建言：出乎意料。
**　　　過度自信。**

上六：震索索，視矍矍[40]，征凶。震不于其躬，于其鄰，
　　　無咎。婚媾有言。
象傳：震索索，中未得也；雖凶無咎，畏鄰戒也。

上六：雷電交加，所有人驚慌失措，結果他的鄰居遭到雷
　　　擊。表面上與他無牽扯，但卻被朋友責備。此時若
　　　談論婚嫁，一定招來閒言閒語。
象傳：雷電交加，所有人驚慌失措。如果雷電再襲擊，能
　　　夠及時處理就不會有災；因為鄰里已經處置好了。
建言：損人利己。

註 40：矍ㄐㄩㄝˊ，驚恐四方觀望的樣子。

五十二、艮

艮為山　　艮上 艮下

艮：艮其背，不獲其身；行其庭，不見其人，無咎。

象傳：兼山，艮；君子以思不出其位。

艮：抑止、停止。看不見自己的背，有如人在身不在。就
　　像兩個人背對背而行，雖走在庭園，彼此看不見對方
　　的臉。意喻應抓住良機，行於該行，止於該止，並抑
　　止不當欲望，當然就不會有咎害。消極的說，即是眼
　　不見心不煩。

象傳：兩山重疊並立，君子體會獨立精神，互不干犯，不
　　逾越本位，並抑制欲望與非份之想。

建言：適可而止。

　　　　井水不犯河水。

　　　　不在其位，不謀其政。

　　　　君子應知抑止縱慾與思維。

初六：艮其趾，無咎，利永貞。

象傳：艮其趾，未失正也。

初六：行動前即發現危機，立即停止，不為所動，不會有

　　　　咎害，利於永久持守正道。

象傳：行動前即發現事情的發展不對勁，若立即停止，不
　　　會有咎害，並不違反正道。

建言：平時不燒香，臨時抱佛腳。

六二：艮其腓，不拯其隨，其心不快。

象傳：不拯其隨，未退聽也。

六二：小腿肚受到抑制以致無法自由行動。意喻受到限
　　　制，無法前去依附大人物，使得心情感到不舒服。

象傳：進退兩難，雖然未依附，但並不表示就不聽從。

建言：力有未逮。
　　　　不接受建言，悔恨自來。

九三：艮其限，列其夤，厲熏心。

象傳：艮其限，危熏心也。

九三：為人處事承受太大壓制，如同腰部脊肉，受到撕
　　　裂，致使腰難以移動。如此抑制使得人際關係受
　　　創，有如被火燻一樣心痛。

象傳：為人處事承受太大抑制，凡事受到阻礙，深陷於危
　　　險，有如被火燻一樣心痛。

建言：抑制合乎時宜，有時可緩衝情境，避免失其所與。

事實與心願違背。

六四：艮其身，無咎。

象傳：艮其身，止諸躬也。

六四：抑止上身不動，意喻抑止自己的行為，避免妄動，
　　　不與人爭。如果能放下一切，藉由信仰換得寧靜，
　　　不會有責難。

象傳：能自我抑止，不做逾越本份的事。

建言：時機的運用，往往決定一生的命運。

　　　盡己之力，不計較長短。

六五：艮其輔，言有序，悔亡。

象傳：艮其輔，以中正也。

六五：抑止嘴不妄言，言而有據有序，就不會悔恨了。

象傳：非禮不言，言論適可而止，符合中道。

建言：禍從口出。

　　　出言有序，無妄言。

上九：敦艮，吉。

象傳：敦艮之吉，以厚終也。

上九：能用敦實謹慎抑止人之欲望，吉祥。

象傳：能長久堅持，敦實謹慎至最終，其品德是高尚的。

建言：善終比善始重要。

　　　以敦厚抑制雜念。

五十三、漸

風山漸　　巽上 艮下

漸：女歸吉，利貞。

象傳：山上有木，漸；君子以居賢德善俗。

漸：漸進，任何事之進展是漸進的。猶如少女出嫁，遵循
　　傳統禮儀，就會被習俗接受與祝福。婚後要守三從四
　　德，吉祥。

象傳：樹木在山上成長，逐漸長大茂盛，代表漸進。君子
　　　體驗要逐漸蓄積道德，端正風俗。

建言：道德培養與端正風俗是長期蓄積而成的。

　　　潛移默化。

初六：鴻漸于干。小子厲，有言，無咎。

象傳：小子之厲，義無咎也。

初六：大鴻雁漸漸飛到河岸，這些鴻雁迷失，跟不上隊
　　　伍，緊張不安，就像碰到困難，還遭受責難。只要
　　　這些雁，循序漸飛，就不會受到責難。意喻年輕人
　　　初入社會，能以正道待人處事，不會遭受責難。

象傳：年輕人遇到困難，在義理上，應不受責難。

建言：只要腳踏實地，循序漸進，不躁進，不會有責難。

六二：鴻漸于磐ㄆㄢˊ，飲食衎ㄎㄢˋ,41衎，吉。

象傳：飲食衎衎，不素飽也。

六二：大雁逐漸飛到岸邊大石上，其飲食皆自食其力，和
　　　樂融融，吉祥。意喻年輕人之首要，就是掙取溫
　　　飽，再尋求發達人生。

象傳：其飲食皆自食其力，和樂融融，他們不是無功受祿
　　　的。

**建言：剛進入社會，踏實工作，先求基礎穩固，再求發
　　　展。**

**　　　不是酒囊飯袋。**

九三：鴻漸于陸。夫征不復，婦孕不育，凶。利禦寇。

象傳：夫征不復，離群醜也；婦孕不育，失其道也；利用

註41：衎ㄎㄢˋ，快樂。

禦寇，順相保也。

九三：大鴻鳥迷路，不得不逐漸飛近陸地。好像丈夫長年
　　　出征打戰未歸，其妻失貞有孕，將來養育也是個問
　　　題。這對家庭是不幸的，但丈夫為國打戰驅敵是好
　　　事。

象傳：丈夫長年出征打戰未歸，忽略家庭，其妻失貞有
　　　孕，這違背人倫之道。團結有利於抵禦外侮，保衛
　　　家園。

建言：揚長避拙。
**　　　及時回頭。**

六四：鴻漸于木，或得其桷註42，無咎。

象傳：或得其桷，順以巽也。

六四：大鴻鳥漸漸飛近巨樹之低平枝幹棲息，沒有咎害。

象傳：或許大鴻鳥因為有柔順之德，得以找到巨樹之低平
　　　枝幹棲息，沒有咎害。

建言：即使處在不穩定的情勢，若以謙虛漸進的方式因
**　　　應，不會有災難。**
**　　　退一步海闊天空。**

註42：桷ㄐㄩㄝˊ，承屋瓦的方木。

九五：鴻漸于陵，婦三歲不孕，終莫之勝，吉。

象傳：終莫之勝，吉，得所願也。

九五：妻子未能懷孕，因為夫妻已經三年未能團聚。最後
　　　克服困難才團聚，就像大野雁逐漸克服習性來到山
　　　陵地。意喻成功前之阻礙在所難免，透過不斷的努
　　　力，願望最後可以達成。

象傳：夫妻已經三年未團聚，最後克服困難，才能團聚；
　　　因為克服困難，得以實現願望。

建言：有志者事竟成。

　　　迷途知返。

上九：鴻漸于陸，其羽可用為儀，吉。

象傳：其羽可用為儀，吉，不可亂也。

上九：大野雁逐漸飛離台地，因為已長大，翱翔天地，其
　　　潔淨無瑕的羽毛，可用於祭祀裝飾用。雖然孤高不
　　　可及，仍然給後人極嘉的典範，吉祥。

象傳：大野雁之潔淨無疵的羽毛，可用於祭祀裝飾用。吉
　　　祥。意喻不因為有成就而忽略廉潔。

建言：功成不居。

五十四、歸妹

震上 兌下

雷澤歸妹

歸妹：征凶，無攸利。

象傳：澤上有雷，歸妹；君子以永終知敝。

歸妹：婚嫁，少女主動顯示意願，要嫁給年長男士，是違
　　　反傳統禮儀的。婚嫁是人生大事，如果婚嫁不符合
　　　禮儀，就不會得到親友的祝福。意喻欲速則不達。

象傳：湖澤上響雷，水紋跟著波動，象徵歸妹；君子體會
　　　永保婚姻，夫妻和諧，白頭偕老之道。預防缺點，
　　　才無遺憾。

建言：兩相情願。

　　　　長幼有序。

初九：歸妹以娣。跛能履，征吉。

象傳：歸妹以娣，以恆也；跛能履吉，相承也。

初九：妹妹隨姊出嫁而為妾，好像跛腳卻努力行走，雖然
　　　身份卑微，但知禮數，吉祥。

象傳：即使出身低微為妾，但安份守己，能夠順承正室之
　　　意與協助丈夫。

建言：安份守己。

九二：眇能視，利幽人之貞。
象傳：利幽人之貞，未變常也。

九二：為了家庭和諧，夫妻不應有絕對的堅持，否則雞毛
　　　蒜皮的小事也會掀起風暴；彼此互相容忍，就像眨
　　　一隻眼、閉一隻眼，無怨無悔度過幽靜隱居似的生
　　　活。
象傳：遇人不淑，過其幽靜隱居似的生活，不改其貞節。
建言：家和萬事興。

六三：歸妹以須，反歸以娣。
象傳：歸妹以須，未當也。

六三：道理上，妹妹是跟著姊姊出嫁，但妹妹比姊姊先出
　　　嫁，姊姊卻成為陪嫁，因為妹妹想成為正室。這樣
　　　不分倫理、顛倒次序，最後還是回到原來身分，陪
　　　嫁作妾。
象傳：少女常有非分之想，想由妾轉成為正室，悖離正
　　　道，真是不當。
建言：事緩則圓。

九四：歸妹愆[43]期，遲歸有時。

象傳：愆期之志，有待而行也。

九四：少女推辭多次求婚，她期望有所謂白馬王子的出現，雖然延誤婚嫁，但還是耐性期待一見鍾情。

象傳：少女寧願等待如意郎君，這是她自己的心願。

建言：慢工出細活。

好事多磨。

寧缺毋濫。

六五：帝乙歸妹，其君之袂[44]，不如其娣之袂良；月幾望，吉。

象傳：帝乙歸妹，不如其娣之袂良也；其位在中，以貴行也。

六五：皇室嫁女，妹妹陪嫁，新娘服飾不如妾。新郎雖窮，但新娘滿意這件婚事，就像月將圓，吉祥。

象傳：新娘服飾不如妾之華麗，因為新娘雍容華貴。

建言：富貴不能淫。

躬行婦道。

註43：愆ㄑㄧㄢ，延誤。

註44：刉ㄎㄨㄟ，宰殺。

上六：女承筐，無實，士刲[44]羊，無血，無攸利。

象傳：上六無實，承虛筐也。

上六：婚禮在祭祀中進行，新娘捧著竹筐，內無祭品，新
　　　郎殺羊不見羊血，以供祭祀，顯然這婚禮不合乎禮
　　　制，賓客失望走了。意喻這婚姻徒具虛名而已，沒
　　　有實質內涵。

象傳：婚禮手捧空籃子，意喻婚姻不會有善果。

建言：婚姻沒有實質內涵，找不到幸福。
　　　食之無味，棄之可惜。

五十五、豐

　　震上 離下

豐：亨，王假[格]之，勿憂，宜日中。

象傳：雷電皆至，豐；君子以折獄致刑。

豐：大豐收，盛大。君王應使其國家人民亨通、大豐收、
　　國泰民安、沒有煩惱，好像日正當中，陽光四面照射
　　一樣。

象傳：雷電齊到，代表盛大；君子體會判決之審理，務必
　　　公平正直，明察秋毫，不蒙受冤屈，但違犯者應受

懲處。

建言：持盈保泰。

有容乃大，扶弱抑強。

初九：遇其配主，雖旬無咎，往有尚。

象傳：雖旬無咎，過旬災也。

初九：幸運遇到相匹配、知音的主人，受到賞識與讚揚，
　　　但不可忽略上下應有的禮儀，彼此經過時間之契
　　　合，必受尊重。

象傳：幸運遇到相匹配、知音的主人，受到賞識與讚揚，
　　　但不可忽略上下應有禮儀，彼此經過時間之契合，
　　　必受尊重；只要不逾越，就不會有災禍。

建言：持盈保泰。

六二：豐其蔀[45]，日中見斗。往得疑疾；有孚發若，吉。

象傳：有孚發若，信以發志也。

六二：君子在其巔峰時，如日中天；但受到迫害，就像陽
　　　光被雲層遮蓋，不見天日，甚至白天可見到北斗
　　　星。如果前往澄清釋疑，會更加深誤解。只有誠

註45：蔀ㄅㄨ、，遮蔽。

信，才能啟發克服困境之意志，吉祥。

象傳：秉持誠信與信念，使真相大白，這是心願所驅使的。

建言：是非曲直終可辨明。

九三：豐其沛，日中見沬，折其右肱，無咎。

象傳：豐其沛，不可大事也；折其右肱，終不可用也。

九三：天空被雲遮蓋了，白天有小星星閃爍，就像能者斷了右臂，無所成就。既然處於這局勢，索性但求無過。

象傳：陽光被遮蓋了，猶如斷了右臂，無法發揮才能；斷了右臂，終究無法施展其能。

建言：留得青山在，不怕沒柴燒。
委曲求全。
明哲保身。

九四：豐其蔀，日中見斗；遇其夷主，吉。

象傳：豐其蔀，位不當也；日中見斗，幽不明也；遇其夷主，吉行也。

九四：追求豐盛，經常有阻礙，好像陽光被遮蓋了，白天只能見到北斗星。如果遇到明主，就不會迷失了。

象傳：追求豐盛，經常有阻礙，好像陽光被遮蓋，白天只
　　　能見到北斗星。如果幸運遇到明主，就能實現心志
　　　了。

建言：不要因為受到挫折，就迷失自己。
**　　　政治昏庸，不如共治符合民意。**

六五：來章，有慶譽，吉。
象傳：六五之吉，有慶也。

六五：君王應具先見之明與智慧，能善用人才，以達豐盛
　　　的目地，這是值得福祐的事。
象傳：吉祥，因為進用賢德。

建言：勤能補拙。
**　　　不遺棄賢能，國之幸。**

上六：豐其屋，蔀其家，闚其戶，闃[46]其無人，三歲不
　　　覿，凶。
象傳：豐其屋，天際翔也；窺其戶，闃其無人，自藏也。

上六：居住豪宅，光耀門庭，自閉於人，無人能進入此豪
　　　宅拜訪。此屋就像荒廢無人居住，這種形象三年不

註46：闃ㄑㄩˋ，靜寂的。

變。房子主人自我封閉，自絕於人，真是不幸。

象傳：居住豪宅，光耀門庭，家人自閉於人，好像自鳴得意，翱翔天空，封閉自己及其家人。

建言：自大導致孤獨與不幸。

五十六、旅

火山旅　　離上 艮下

旅：小亨，旅貞吉。

象傳：山上有火，旅；君子以明慎用刑，而不留獄。

旅：旅居。商旅只求平順，不奢求華麗舒適。他們顛沛流離，安全是唯一的基本需求，談不上大吉。

象傳：山上火蔓延不停，象徵有商旅。君子體會到審理案件不能拖延，明察秋毫，避免有誣陷冤案情事。

建言：入境隨俗。

初六：旅瑣瑣，斯其所取災。

象傳：旅瑣瑣，志窮災也。

初六：商旅斤斤計較，歸因於卑賤的本質。所有問題都是

不當的行為所致。

象傳：商旅斤斤計較，歸因於卑賤的本質。咎由自取，人
　　　窮志短，皆是自找的。

建言：錙銖計較，名譽受損。

六二：旅即次，懷其資，得童僕，貞。

象傳：得童僕，貞，終無尤也。

六二：商旅之食宿安排妥當，身懷充裕的資金，且有忠實
　　　童僕方便差役，宜堅守正道。

象傳：在商旅時有忠實童僕方便差役，最終不會有怨尤。

建言：出外旅行，錢是萬能，但行止須謙虛低調。

九三：旅焚其次，喪其童僕，貞厲。

象傳：旅焚其次，亦以傷矣；以旅與下，其義喪也。

九三：商旅住所失火，童僕求去，因為平時欺凌以對，現
　　　在沒有人照應，一切都要自己打理。此時更應守
　　　正，以防災厄。

象傳：商旅住所失火，的確不幸。義理上，主人囂張對
　　　待，沒有人照應，是自找的。

建言：多行不義，必自斃。

九四：旅于處，得其資斧，我心不快。

象傳：旅于處，未得位也；得其資斧，心未快也。

九四：行旅暫得落腳處，有斧可砍除荊棘，搭建居所，但心中還是不愉快。意喻金窩銀窩不如自己的狗窩；或得不到上級的認同與支持，仍然碰到困難。

象傳：行旅暫得落腳之地，雖然有斧可砍除荊棘，以搭建居所，仍鬱鬱寡歡，因為心志尚未實現。

建言：英雄無用武之地。

六五：射雉，一矢亡，終以譽命。

象傳：終以譽命，上逮也。

六五：射中雉雞，也丟了一支箭，即使喪失一支箭，但有得有失。其為人處事，仍贏得讚賞與祿位之晉升。意喻旅行難免會碰到不便與損失，但若能謙虛、入境問俗，將會有意想不到的收穫。

象傳：射中雉雞，也丟了一支箭。即使喪失一支箭，雖然有得有失，但仍贏得君王之讚賞。有好的人緣，最後贏得讚賞與祿位之晉升，因為能迎合君王之心。

建言：患得患失。

不要斤斤計較而因小失大。

上九：鳥焚其巢，旅人先笑後號咷；喪牛于易，凶。

象傳：以旅在上，其義焚也；喪牛于易，終莫之聞也。

上九：樹上鳥巢被焚，旅者未能感同身受還大笑，未料到他的居所也遭殃被焚燒，這情境令旅者大哭；皆因驕矜，使旅者如喪失牛的柔順之德，未來之旅，將會更艱難。

象傳：義理上，旅者不應高姿態，喪失商旅柔順之德；因此無人會關切其未來艱困之旅。

建言：樂極生悲。

五十七、巽 ㄒㄩㄣˋ

巽為風　　巽上 巽下

巽：小亨，利有攸往，利見大人。
象傳：隨風，巽；君子以申命行事。

巽：謙遜、順從，謙遜與人交往，能夠改變逆勢，無往不
　　利，吉祥。因為謙卑，以致於受大人物賞識，給與重
　　任，有利爾後前程之發展。
象傳：風無孔不鑽地吹襲，似政令之貫徹執行。君子三申
　　　五令，貫徹政令之執行，有如風吹襲不斷。
建言：草偃風行。

初六：進退，利武人之貞。
象傳：進退，志疑也；利武人之貞，志治也。

初六：當進退失據時，太過於謙遜、遲疑，而不能立刻作
　　　出決定。如果能學軍人之武德，以彌補其遲疑不決
　　　之缺陷，吉祥。
象傳：優柔寡斷使人混亂、無效率。軍人武德之果斷，可
　　　鼓勵及加強其心志。
建言：謙遜就是追求進步。

失去成功的機會，往往是因為自己無決心與猶豫不決的性格。

九二：巽在床下，用史巫紛若，吉，無咎。
象傳：紛若之吉，得中也。

九二：臣子跪伏床前向君王報告，本質是沒有過錯的。臣子只是在表示其卑順與忠誠，以取得君王信任。這與巫祝、神職人等之虔誠無異，基本上沒有錯。
象傳：臣子頻向君王示意其真誠與卑順，這符合中道的精神。

建言：不亢不卑。
　　　表裡一致。

九三：頻巽，吝。
象傳：頻巽之吝，志窮也。

九三：百分百不願意跟隨，卻偽裝成很恭順地跟隨；羞辱是自己招惹的。
象傳：百分百不願意跟隨，但事實上卻又跟隨，是沒有志氣的緣故。

建言：心志不穩定，容易動搖的人，成不了事的。

六四：悔亡，田獲三品。

象傳：田獲三品，有功也。

六四：抓住人生好機運，並妥善運用，不會有悔恨的。銜
　　　王之命，果斷興利除弊，終於功成名就。好像打獵
　　　收穫豐碩，可以祭祀、請客或自用。

象傳：很快就狩獵到三種用途之獵物，確實建立功勳、獲
　　　得進階。

建言：機不可失。

九五：貞吉，悔亡，無不利。無初有終，先庚三日，後庚
　　　三日，吉。

象傳：九五之吉，位正中也。

九五：遵循正道，不會不利，吉祥。無人能確信新政令公
　　　布實施的好壞，為了確信新政令的可行性與人民的
　　　接受度，公布實施的庚日前三天發布新法令，後三
　　　天公布實施，如此之慎重態度一定吉祥。

象傳：法令公布實施前再三叮嚀，法令公布實施後檢討改
　　　進得失，如此之慎重態度一定吉祥。吉祥是因為遵
　　　循正道而得到的。

建言：天下為公。

上九：巽在床下，喪其資斧，貞凶。

象傳：巽在床下，上窮也；喪其資斧，正乎凶也。

上九：因為過度謙遜，而卑恭屈膝床下，罔顧尊顏，無法
　　　固守正道。甚至弄丟旅費與小斧，需持正守固，以
　　　防凶險。

象傳：因為謙遜過度，而卑恭屈膝床下，罔顧尊嚴。已是
　　　窮途末路，甚至弄丟旅費與小斧(幹勁)，去面對困
　　　境，這全然是個凶象。

**建言：卑躬屈膝、患得患失與矯枉過正，並不是走向成功
之路的正確方法。**

五十八、兌

兌為澤　　　　兌上　兌下

兌：亨，利貞。

象傳：麗澤，兌；君子以朋友講習。

兌：和悅。人們彼此交往，無不透過和悅言詞與真誠，但
　　　取悅必須建立在正道上。

象傳：兩湖相連，代表相互交流歡愉。君子體會與朋友聚
　　　集，討論義理，會彼此增益。

建言： 互相切磋學習，不至於孤陋寡聞。

初九：和兌，吉。
象傳：和兌之吉，行未疑也。

初九：以和悅真誠待人，與人和睦相處，不會有任何憂
　　　慮，吉祥。
象傳：以和悅真誠待人，不會受到責難與猜疑。
建言：不偏袒，無私，才無猜忌。

九二：孚兌，吉，悔亡。
象傳：孚兌之吉，信志也。

九二：以真誠和悅之心與人相處，吉祥；悔恨就消失。
象傳：以真誠和悅之心與人相處，吉祥；因為心志誠信的
　　　緣故。
建言：友情貴在真誠，始能持久。

六三：來兌，凶。
象傳：來兌之凶，位不當也。

六三：非真心而刻意取悅的得利，會有凶險。

象傳：來自非真心而刻意取悅的得利，凶險。凶險皆歸因
　　　於逢迎所致。

建言：諂媚討好是可恥的事。

九四：商兌未寧，介疾有喜。

象傳：九四之喜，有慶也。

九四：想要利用歡娛去取悅他人，反而使自己不寧靜。不
　　　如摒棄這種不正當的想法，才有喜慶。

象傳：能杜絕邪佞之思念，值得慶賀。

建言：拒絕邪惡，方能趨吉避凶。

九五：孚于剝，有厲。

象傳：孚于剝，位正當也。

九五：有權勢、有地位，就容易被誘惑剝奪，這會有災禍
　　　的。

象傳：決定性的位階，容易受到諂媚，因此誠信就受到剝
　　　奪，嚴重後果就不難想像。

建言：巧言令色鮮於仁。

上六：引兌。

象傳：上六引兌，未光也。

上六：藉由各種可能去逢迎，是可恥的事。
象傳：藉由誘惑逢迎，以達到個人利益，是不光彩的事。
建言：傷天害理。

五十九、渙

風水渙　　巽上 坎下

渙：亨。王假有廟，利涉大川，利貞。
象傳：風行水上，渙；先王以享于帝立廟。

渙：渙散。凝聚渙散之心，吉祥。當處於人心渙散之際，
　　君王聚合宗親大臣，至宗廟祭祀，以凝聚人心。這種
　　聚合，有利冒險患難，有利涉大河，守持正道。
象傳：風吹水面產生漣漪，代表渙散。君王體會此景，而
　　建立宗廟祭祀，凝聚人心。
建言：力挽狂瀾。

初六：用拯馬壯，吉。
象傳：初六之吉，順也。

初六：一開始就及時利用強而有效的措施（壯馬），以挽
　　　救人們的渙散，將可轉化逆境為吉。

象傳：吉祥是因為君王聽從建言，及時採取措施，避免人
　　　心擴散。

**建言：遇到事情，能及時機智處理，往往是致勝或躲過劫
　　　數的關鍵。**
**　　　急如星火，不得延誤。**

九二：渙奔其机，悔亡。

象傳：渙奔其机，得願也。

九二：人們處在渙散之危險中，都會先找安全處所，以求
　　　存活。當有天災如地震，人們會躲到矮板凳，不會
　　　有悔恨。

象傳：人們處在渙散之危險中，本能的反應是立即尋求庇
　　　護之所，這是他們的心志。

建言：騎馬找馬。

六三：渙其躬，無悔。

象傳：渙其躬，志在外也。

六三：處在渙散中，君子應去私欲，以公眾利益為先，不
　　　會有悔。

象傳：君子之志事為救助大眾、兼善天下。

建言：考量大我為優先。

六四：渙其群，元吉。渙有丘，匪夷所思。

象傳：渙其群，元吉，光大也。

六四：渙散各個私黨，大吉。渙散小群體，可形成如山丘
　　　般之國家大團隊，大大吉祥，這超乎一般想像。

象傳：從個人私黨到實現大團結，令人難以想像及光明正
　　　大。

建言：眾志成城。

九五：渙汗其大號，渙王居，無咎。

象傳：王居無咎，正位也。

九五：處渙散之時，君王之令出必行，如同出汗不復返。
　　　君王指揮若定，號令天下，沒有咎害。

象傳：處渙散之時，君王指揮若定，令出必行，以穩定民
　　　心，防止失序動亂，這是君王之責。

建言：軍令如山；言出必行。

上九：渙其血去逖出，無咎。

象傳：渙其血，遠害也。

上九：物極必反，當天下進入極端渙散時，群眾反而又聚
　　　合起來，達到大聚合。避開憂慮和恐懼，沒有咎
　　　害。

象傳：當天下進入渙散時，時局嚴重得像無可挽回，但若
　　　能避開憂慮和恐懼，就不會有災難。

建言：合久必分，分久必合。

六十、節

坎上　兌下

水澤節

節：亨。苦節，不可貞。

象傳：澤上有水，節；君子以制數度，議德行。

節：節制，適度的節制是美德，多與少之間取得一個平
　　衡。簡言之，節制是依照實際需要而定才吉祥。如果
　　太多節制，就是強人所難。人民有太多的節制將造成
　　痛苦，這並不符合正道。

象傳：水注入湖中，如果太多湖水溢出，會造成資源浪費
　　　或災害。君子領悟準則的重要性，制定相關合理與
　　　合宜的法規或禮儀，以茲遵循。

建言：**過猶不及；猶恐失之。**
　　　因地制宜。

初九：不出戶庭，無咎。
象傳：不出戶庭，知通塞也。

初九：深知時機不利，自我約束，在家等待機會。一切相
　　　機行事或見機行事，有所節制，謹言慎行，認知時
　　　間是否合宜，走出庭院，如此謹慎，必無咎害。
象傳：深知節制之道，知時間是否合宜走出庭院；反之，
　　　足不出戶。
建言：**以靜制動。**
　　　言多必失。

九二：不出門庭，凶。
象傳：不出門庭，凶，失時極也。

九二：太多自我節制與限制而不出門，這種自我隔絕，會
　　　帶來不幸，因為機會消失於一瞬間。
象傳：極端約束自己，從不走出門庭，錯失機會。
建言：**裹足不前；錯失良機。**

六三：不節若，則嗟若，無咎。

象傳：不節之嗟，又誰咎也。

六三：不知節制，耗盡資源，乃致陷於失控、嘆息，若能
　　　及時改正，則無咎害。

象傳：不知節制，乃致陷於失控，一切都是自己造成的；
　　　除了自己，不能怪誰。

建言：悔不當初。

六四：安節，亨。

象傳：安節之亨，承上道也。

六四：百姓安於節制，國泰民安，吉祥。

象傳：百姓安然體認節制，是順承君王的。

建言：順其自然，一切亨通。

九五：甘節，吉，往有尚。

象傳：甘節之吉，居位中也。

九五：適當的節制，使百姓心甘情願配合；合理政策，使
　　　人民願意且習慣性的遵循，是有效率的管理，必受
　　　嘉許讚揚。

象傳：適當的節制，吉祥，因為中道之故。

建言：適當的節制，兼顧情理。

上六：苦節，貞凶，悔亡。
象傳：苦節貞凶，其道窮也。

上六：給人民太多節制會是一種迫害，因為有意義的節制
　　　已經偏離軌道，節制須要適度調整，避免悔恨。
象傳：道理上，痛苦的節制加諸於民，是不適當的。
建言：民以食為天。

六十一、中孚

風澤中孚　　巽上 兌下

中孚：豚魚，吉。利涉大川，利貞。
象傳：澤上有風，中孚；君子以議獄緩死。

中孚：心中誠信真誠，即使豬、魚拿來當祭品，雖略顯寒
　　　酸，但上天都會感動，吉祥。真誠是放諸四海而皆
　　　準，只要固守正道，可以克服困難。
象傳：風吹在湖上，表示誠信施行天下，君子體會誠信，
　　　去看待刑事案件，建議以仁慈對待死刑犯。

建言：刀下留人，好生之德。

初九：虞吉，有它不燕。
象傳：初九虞吉，志未變也。

初九：不可輕信他人，但先衡量其誠信，然後才予以信
　　　任，吉祥。一旦沒有質疑，就不疑有它，而相信
　　　他，否則會感到不安。
象傳：如果誠信自始至終不變，就不疑有它，而相信他。
建言：有疑慮，就無安寧。

九二：鳴鶴在陰，其子和之；我有好爵，吾與爾靡[47]之。
象傳：其子和之，中心願也。

九二：因為有誠信，雖在遠處，彼此相呼應。就像鶴在樹
　　　蔭下鳴叫，小鶴隨而和之，真誠呼應；就像我有美
　　　酒，誠心誠意與你共享同樂。
象傳：這種小鶴的隨而和之，是內心的真誠呼應。
建言：患難見真情。
　　　　誠信導致心心相印。

註 47：靡ㄇㄧˇ，共同。

六三：得敵，或鼓或罷，或泣或歌。

象傳：或鼓或罷，位不當也。

六三：人無誠信，不會有成就。畢竟不會受到信任，就像
　　　描述戰爭之景象，當遇敵人擊鼓勇猛前進、暫停，
　　　士氣低落、戰敗而泣或凱旋而歌，這是人心變化。
　　　若無堅定信念，就茫然不知所措。

象傳：一下子擊鼓前進，忽而作罷息兵，這不是一個指揮
　　　官的行為。

建言：誠信切忌搖擺不定 。

六四：月幾望，馬匹亡，無咎。

象傳：馬匹亡，絕類上也。

六四：能得到人民的信任與支持，就像陰曆月圓時，無與
　　　倫比；而弱馬無力匹敵，淪落到命運可憐的地步，
　　　在競爭道理上言，是沒有錯的。

象傳：為了生存，馬匹相競賽，弱者淪落到命運可憐的地
　　　步，勝者稱霸天下。

建言：弱肉強食。

　　　適者生存 。

　　　暫時離開並不表示失去一切，而是權變。

九五：有孚攣如，無咎。
象傳：有孚攣如，位正當也。

九五：以誠信贏得人民的信心與擁護，就如攣生兄弟的
　　　心，沒有咎害。意喻誠信能得到人民的回應。
象傳：能抓住機會而得眾望是中道之德。
建言：贏得群眾的心最扎實。
　　　肝膽照人。

上九：翰音登於天，貞凶。
象傳：翰音登於天，何可長也？

上九：雞叫聲響徹雲霄，但其鳴飄浮不篤實。沒有真誠無
　　　法得到回應。意喻趾高氣昂，不可一世，應及時收
　　　斂，否則有災禍臨身。
象傳：雞叫聲響徹雲霄，但其鳴飄浮不篤實。意喻缺乏誠
　　　信與實際，這種言行怎可長久。
建言：不切實際的言論與虛名，得不到群眾的回應。

六十二、小過

雷山小過　　震上 艮下

228

小過：亨，利貞。可小事，不可大事；飛鳥遺之音，不宜
　　　上，宜下，大吉。

象傳：山上有雷，小過；君子以行過乎恭，喪過乎哀，用
　　　過乎儉。

小過：小有過失。凡事難免會有小過失，只要從小過失學
　　　習改正，使其合乎正道。學習過程須從小事開始，
　　　不承諾或作能力不及的事，而把事情發展成為難以
　　　處理的大事。猶如為人應低調從事，給人好印象。
　　　因為鳥飛高尖叫，人們還是聽不到，應該低飛，才
　　　是大大吉祥。

象傳：山頂上雷聲震動，雷聲給人之利弊得失，仍屬小過
　　　失。君子領悟其象，行事更低調，言行謙卑，喪事
　　　哀淒，費用節儉，以導正世俗，教化人民。

建言：過與不及，都是不恰當的。

初六：飛鳥以凶。

象傳：飛鳥以凶，不可如何也。

初六：鳥自恃其能飛高，不知返，容易遭遇射殺之不幸。

象傳：鳥自恃其能飛高，易遭不幸；意喻極端又不聽從規
　　　勸，真是無藥可醫。

建言：好高騖遠。

**　　　鑽牛角尖；咎由自取。**

六二：過其祖，遇其妣²，不及其君，遇其臣，無咎。

象傳：不及其君，臣不可過也。

六二：古人講究倫理，想會見其祖父，卻遇見其祖母，這
　　　是巧合；想見其君王，卻遇見其臣，這也是巧合。
　　　同樣有值得學習的地方，沒有錯。

象傳：雖是巧合，未見其君王，但倫常是不可輕率造次
　　　的。

建言：守本份；有分寸。

九三：弗過防之，從或戕之，凶。

象傳：從或戕之，凶如何也。

九三：沒有犯錯一樣要提防，如果不去防患等於與之相附
　　　和，這會招來凶險。

象傳：如果任其發展或放縱，容易遭小人陷害，步入殺身
　　　之禍，何等可怕？

建言：防患未然。

九四：無咎。弗過遇之，往厲必戒，勿用永貞。

象傳：弗過遇之，位不當也；往厲必戒，終不可長也。

九四：因為位階不夠，就不敢越位行事，不會有咎失。但

如果情況不得不做而做了，事後當然有承擔責任的
風險。凡事要視情況而定，不是永遠一成不變。

象傳：小過失也要有防患措施，不必等到犯錯才採取因
　　　應。雖然位階不相當，但從過往之發生原因探討，
　　　而嚴加注意。長期來看，應該以預防為重。

建言：權變。

六五：密雲不雨，自我西郊；公弋-取彼在穴。
象傳：密雲不雨，已上也。

六五：烏雲密布飄自西方之郊區，但仍無雨，公爵以繩箭
　　　射鳥不得，卻只能在洞穴尋找獵物。意喻眾臣出不
　　　了謀略，心有餘而力不足；西方之郊區縱使有機會
　　　到來，還是無法勝任。
象傳：烏雲密布但仍無雨，意喻邪惡已站在優勢地位。
建言：心有餘而力不足。

上六：弗遇過之，飛鳥離之，凶，是謂災眚。
象傳：弗遇過之，已亢也。

上六：態度囂張傲慢，猶如鳥仗勢其能飛高，遭致網子捕
　　　獲，這災難全是自找的。意喻無法正視己過。
象傳：承受痛苦是自己之行徑囂張傲慢所致。

建言：適可而止；逢凶化吉。
　　　自視甚高；旁若無人。

六十三、既濟

水火既濟　　　坎上　離下

既濟：亨小，利貞，初吉終亂。
象傳：水在火上，既濟；君子以思患而豫防之。

既濟：完成。各階段事業完成後，圓滿亨通。但世事多
　　　變，應有所節制，多做有利正道的事；如果不能持
　　　盈保泰，容易樂極生悲，因為物極必反。
象傳：水在火上，表示烹飪完成，但水火不相容。君子體
　　　察未來之憂患而防患之。
建言：居安思危。

初九：曳其輪，濡其尾，無咎。
象傳：曳其輪，義無咎也。

初九：向後牽引車輪使之平衡，避免快速前進；或狐狸渡
　　　河到對岸，浸濕尾巴，使渡河速度緩慢一些，如此

謹慎，不會有災。

象傳：向後牽引車輪，使之平衡行進。道理上，這是居安
　　　思危。

建言：做好防禦措施。

　　　守成不易。

六二：婦喪其茀[48]，勿逐，七日得。

象傳：七日得，以中道也。

六二：當有了成就，不要小事斤斤計較。如同婦女遺失珠
　　　寶，以固全眼前所有為大前提。開闊心胸，此乃身
　　　外之物，要有耐性，珠寶七天自然會返回。意喻不
　　　必追溯過往，謹慎未來，不要因小失大。

象傳：遺失的珠寶七天自然會返回，這是正道之理。

建言：要有自信，隨遇而安。

　　　不必追溯既往，要在意未來。

九三：高宗伐鬼方，三年克之，小人勿用。

象傳：三年克之，憊也。

九三：商朝高宗征伐鬼方之叛亂，師出無名，歷經三年才

註 48：茀ㄈㄨ ˊ，飾物。

平定，此時國家嚴重耗損。平定叛亂之後，不能再重用無德之人，倒是給予重賞，緩和他們心理的情緒。

象傳：化了三年才平定的叛亂，國家疲憊，民窮財盡。

建言：軍國主義，窮兵黷武，勞民傷財。

六四：繻[49]有衣袽[50]，終日戒。

象傳：終日戒，有所疑也。

六四：為了安全起見，船家都會時時刻刻戒備，準備破的布絮，堵塞船漏，以備不時之需。

象傳：船家都時時刻刻戒慎恐懼，防止船漏，他們戰戰兢兢防衛行船的安全。

建言：克勤克儉，有備無患。

萬無一失。

九五：東鄰殺牛，不如西鄰之禴[51]祭，實受其福。

象傳：東鄰殺牛，不如西鄰之時也；實受其福，吉大來也。

註49：繻ㄒㄩ，彩帛。

註50：袽ㄖㄨˊ，破舊衣物。

九五：東鄰邦殺牛祭祀盛典，提供豐盛祭品，可是受福卻
　　　不如西鄰邦之虔誠薄祭；意喻東鄰邦違背節約的原
　　　則。

象傳：東鄰邦祭祀時提供豐盛的祭品，但受福
　　　卻不如西鄰邦之虔誠祭祀。因為西鄰邦
　　　適時祭祀，切實蒙受到神靈之祐
　　　福。

建言：心誠則靈。

上六：濡其首，厲。

象傳：濡其首厲，何可久也？

上六：狐狸渡河幾乎成功，由於太衝動，河水淹沒頭部極
　　　其危險。意喻成功時無法節制自己，謹慎抑制私
　　　欲，很快就會滅亡，成功是很難延續的。

象傳：狐狸渡河，幾乎快成功，但由於太衝動，河水淹沒
　　　頭部，極其危險。若無斷然的營救措施，怎能持
　　　久？

建言：大難臨頭。

**　　　得意忘形。**

**　　　滿招損，謙受益。**

六十四、未濟

離上 坎下

火水未濟

未濟：亨，小狐汔[51]濟，濡其尾，無攸利。
象傳：火在水上，未濟；君子以慎辨物居方。

未濟：未完成。目標未完成，持續努力，不怕失敗，再出
　　　發是亨通的。猶如小狐狸要渡河，卻沾濕尾巴未成
　　　功，前功盡棄。
象傳：火在水上，無法升火煮食物。事情無法完成，君子
　　　小心辨識物與類，使之各在其位，各得其所，個個
　　　成事。
建言：功虧一簣。
**　　　提醒並鼓勵人們要有始有終，契機總是留給懷有希**
**　　　望與有幹勁的人。**

初六：濡其尾，吝。
象傳：濡其尾，亦不知極也。

初六：小狐狸不自量力，獨自要渡河，但不慎沾濕尾巴還

註51：汔く一ヽ，接近，幾乎。

不知要停止，真是遺憾。

象傳：狐狸不自量力，要獨自渡河，但不慎沾濕尾巴，無
　　　法完成渡河心願，至今甚至還不知道河流有多深。

建言：保守；暫且不宜貿然行動。

九二：曳其輪，貞吉。

象傳：九二貞吉，中以行正也。

九二：君子應節制自己的言行，如同拉住車輪，避免行車
　　　失控。能堅守正道，吉祥。

象傳：君子謹言慎行的與人交往，就像拉住車輪，避免行
　　　車失控。如果守正，行事中肯，就不會偏頗。

建言：欲速則不達。

六三：未濟，征凶。利涉大川。

象傳：未濟，征凶，位不當也。

六三：心志仍未完成，若貿然前往會有危險；反之，如果
　　　事前能多做準備，不畏困難，勇往直前，就會吉
　　　祥。

象傳：心志仍未完成，若貿然前往會有危險。失敗往往是
　　　準備不夠所致。

建言：不入虎穴，焉得虎子。

九四：貞吉，悔亡，震用伐鬼方，三年有賞于大國。

象傳：貞吉，悔亡，志行也。

九四：堅守正道，吉祥，自然不會有悔恨。以正義之師，化了三年時間降服外族鬼方，得到君王重大的封賞。

象傳：堅守正道，吉祥。自然不會有悔恨，降服外族達成心願。

建言：堅持不懈。

六五：貞吉，無悔。君子之光，有孚，吉。

象傳：君子之光，其暉吉也。

六五：堅守正道，自然不會有悔恨，吉祥。君子之德像陽光，守正帶來民望與吉祥。

象傳：君子之德像陽光普照，不僅照亮自己，也造福了百姓。

建言：君王德政光輝，萬民所仰。

上九：有孚於飲酒，無咎；濡其首，有孚失是。

象傳：飲酒濡首，亦不知節也。

上九：有自信會成功。與好友飲酒，沒有咎害，但若失去

節制，飲酒過量，而灑酒於頭，的確有失正道。

象傳：自信會成功。與好友飲酒，失去節制，飲酒過量，
　　　沒有咎失。但若失去節制，飲酒過量，而灑酒於頭
　　　頂，確實有失節制。

**建言：無所節制，沒有分寸，就容易陷入樂極生悲的局
　　　面。**

參考文獻 (Reference Literature)

1. 方易經啟示錄 – 孫映達、楊亦鳴
2. 白話易經 – 吳豐隆
3. 白話易經 – 孫振聲
4. 易理精微 – 郭熙謀
5. 易經禪釋 – 巫山定夫
6. 易經占卜 – 楊智宇
7. 易經通俗講座 – 馮斌
8. 易經新詮 – 胡俊熊
9. 周易卜卦全集 – 徐伯鵬
10. 實用易經 – 張汝誠
11. 周易精解 – 楊維傑
12. Book of Changes – Chinese Text Project Translated by James Legge

第二篇
現代風水

一、風水勘查實例與基本概念

1. 電線桿

土城有戶一樓住家，屋子座西北向東南。屋右前方(巳)有一電線桿，而且有變壓器，男主人整天醉醺醺，語無倫次，常醉臥鄰居門口，造成鄰家困擾。此醉翁係30年次（辛巳），我立即取出凸鏡正對電線桿，固定在主家之右前方。兩個月後，我依例打電話詢問改善結果，其妻子高興的說：「男主人正在兒子店裡幫忙呢！」

2. 鳥籠與寅吃卯糧

丈夫在夜市買回一籠可愛小鳥回家飼養。不知怎麼了，半年後家中常有缺錢之窘境。我勘查後告知是鳥籠放錯位置所致，原本買回之鳥籠放在後陽台。

◎解決方法：鳥籠改放在前陽台就好了。

3. 縫紉機/夫妻失和

很多年前流行一種美國品牌縫紉機，而且是美國式分期付款攤還，業務員到府收款，非常便利，又很受歡迎。一位黃太太也不例外，用分期付款買了一台縫紉機，日子很快過了半年；可是有件事很奇怪，就是夫妻常因為蒜皮小事爭吵，我也是因為看風水而得知。經勘查，問題就出在縫紉機放在主臥室；殊不知房間內不可有縫紉機，否則夫妻失和是必然的事。

◎解決方法：把縫紉機移出主臥室。

4. 樓梯/太太回娘家

我曾經被一位婦人帶至其弟家看風水，其弟媳與弟因小事爭執回娘家，已經超過半個月了。經過勘查，弟媳出生年次37戊子（1948），問題就出在一支梯子。原來小閣樓架著一支梯子，本來梯子僅是需要上閣樓時才架上的，以節省空間。但時間久了就把梯子留在那裏，梯子架在屋子的子位，弟媳才會不安寧因小事負氣回娘家。

◎解決方法：回到原來的做法，要上閣樓時梯子才需架上的，不用時千萬要拿開。

5. 火爐/火災

1995年，我應邀到美國丹佛市幫華人看風水，主人交遊廣泛。他的朋友中也有記者，彼此介紹後，這位記者當面就對我說：「吳先生對不起，不是我不相信風水。你能否就對面這屋子曾經有何歷史告訴我們？」頓時大家一片錯愕。我勘查了一下子，告知：「曾有過火災。」一時掌聲響起。理由是屋子座寅（NE），而廚房之爐具在巳（SE），難怪會有火災，而且發生在1993年，因為那年白虎星在東南方（SE），也是爐具的位置。

◎解決方法：爐具往前移約兩英呎到丙位，就不會有此意外。

6. 神明桌之更動

2011年辛卯，一位太太要我去她家看風水，她說丈夫這兩年脾氣很不好，以前不是這樣子。神明桌有換過位置，理

由是空間可以大些，經勘查其屋座北(子)向南(午)，殺方在東，神明桌剛好在東方的卯乙位，巧的是其丈夫的生肖屬兔(卯)。當然不好，因為東方位是該屋殺方，且丈夫的生肖屬兔，他無法承受，所以脾氣變得很不好，是可以理解的。

◎解決方法： 2011年辛卯，神明桌換位置，不可座西向東及避開屋之殺方就好。建議神明桌後退三尺，在東北方即可。

7. **範例：**

W先生居家風水平面圖與風水判斷。

A. 對角線的交叉點為中心點（前後陽台不能列入）。

B. 座申向寅。

C. 財位在西南方。〈吉〉
   文昌位在東方。〈吉〉

D. 大門在壬。〈吉〉

E. 泡茶。〈半吉〉

F. 矮櫃上有書櫃，防止前後窗戶直沖。〈吉〉

G. 烘衣機。〈吉〉

H. 馬桶在戌。〈吉〉

I. 瓦斯爐在辛。〈吉〉

J. 臥室1門在西方〈吉〉，書桌在壬子癸〈吉〉。

K. 臥室2門在北方〈吉〉，書桌在艮〈吉〉。

L. 臥室3門在北方〈吉〉，書桌在西方(庚酉辛)〈吉〉。

M. 中心點旁之書櫃上方有一隻銅製蟾蜍，面向大門。
   〈吉〉

N. 客廳右邊是東北方，什物櫃上有一對麒麟面向大門。
   〈吉〉

   ※甲午年，麒麟放置於東北方向大門，可驅煞。〈吉〉

O. 客廳左後方-亥位，宜放置垃圾桶。〈吉〉

P. 臥室3有些微對到廁所，在門上加珠簾並吊掛一只葫
   蘆，防煞。

Q. 臥室3的南方窗戶加窗簾。〈吉〉

居家風水平面圖如下頁：

居家風水平面圖

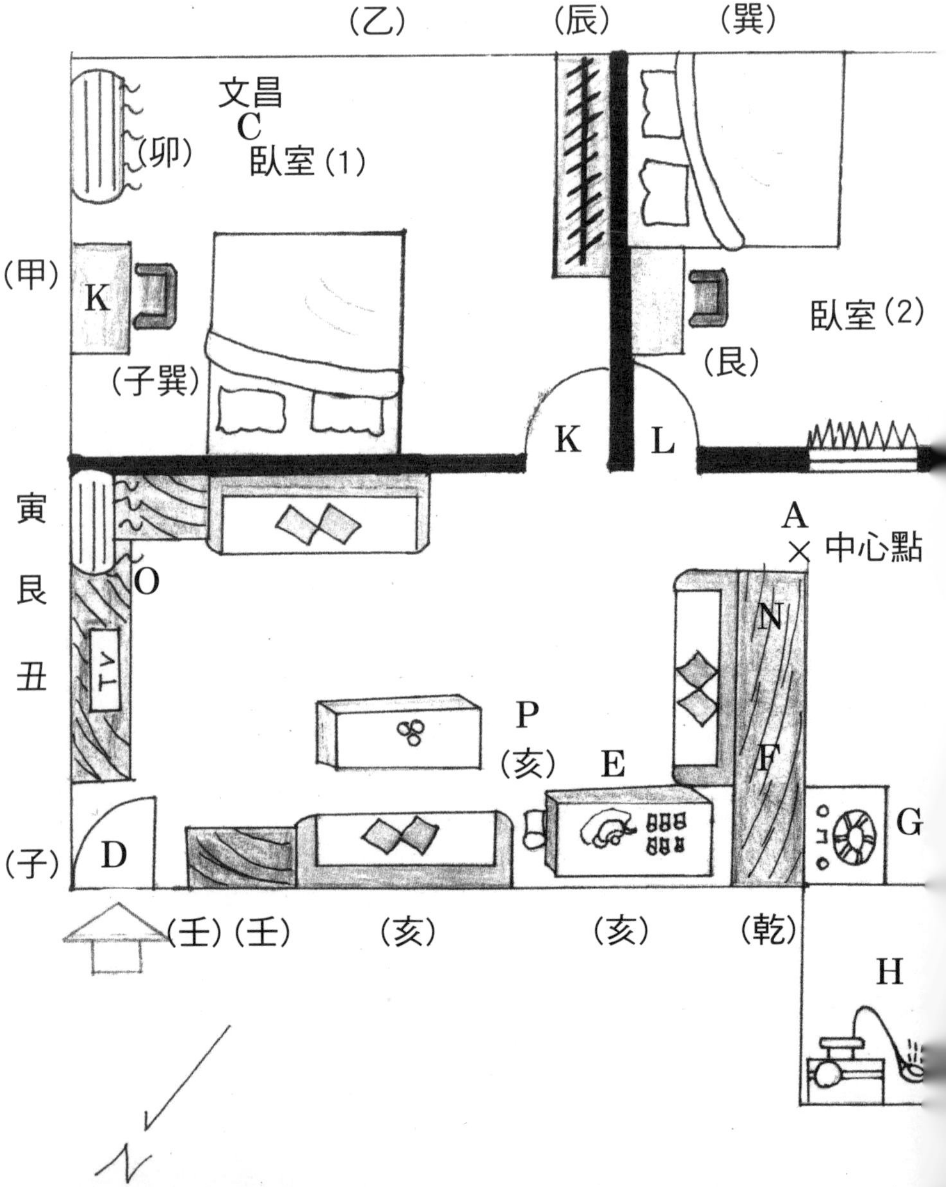

(乙)　　　(辰)　　　(巽)

文昌
C
(卯)　　臥室(1)

臥室(2)

(甲)
K
(子巽)　　　　　　(艮)

寅　　　K　L
艮　　O
丑　　TV

A ×中心點
N

P
(亥)　E
F

D　　　　　　　　G

(壬)(壬)　(亥)　　(亥)　(乾)

H

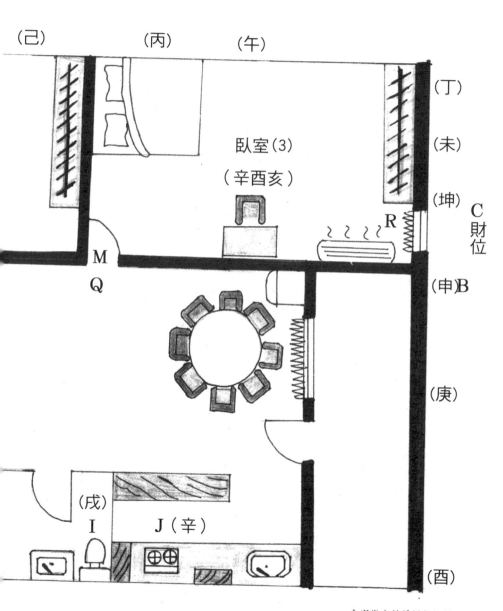

（己）　　　　　（丙）　　　　（午）

（丁）

（未）

臥室（3）

（辛酉亥）

（坤）

C
財
位

R

M

Q

（申）B

（庚）

（戌）

I

J（辛）

（酉）

二、風水基本概念

風水緣由

風水是中國人大約三千多年前發展出來的，它是一門研究大自然的學問。

天，乾卦，代表西北方；

澤，兌卦，代表西方；

火，離卦，代表南方；

雷，震卦，代表東方；

風，巽卦，代表東南方；

水，坎卦，代表北方；

山，艮卦，代表東北方；

地，坤卦，代表西南方。

現代風水是居屋與工作環境的指南，對人之福、祿、壽、喜、財，皆有幫助。

1. 中國古代風水之樣板屋

古代中國人非常講究住宅環境的舒適感、協調性與養生，因此有象徵性的比喻。樣板居屋是座北朝南——

左側東方為溪流，稱為青龍，是飲用水的來源，甚是重要。左青龍，象徵主家的事業發展。

右側西方是長廊，稱為白虎，象徵主家的家產、財富。

前面南方是池塘，稱之為朱雀，象徵有前途、有未來性；

如果前面視野開闊，有足夠發揮空間，當然身心舒暢。

後面北方有玄武，即龜蛇，象徵有靠山，猶如座椅有靠背、靠墊，當然舒適無比。

北 N
後玄武
(靠山)

西 W
右白虎(長廊)

東 E
左青龍(溪流)

南 S
前朱雀
(池塘)

鑫富樂文教編輯部繪製

樣板屋 座北朝南

風水樣板屋是座北朝南，古代屋子座向通常也是如此，主要是取冬暖夏涼之故；因為門設在龍邊即東南，冬天便不會承受西北風之苦；這是原則。

現今城市寸土寸金，根本不可能百分之百按照風水樣板屋的座向，只能取龍高虎低。龍怕臭，故左邊避免有廁所，

所以盡可能在龍邊開門；左邊有人進出，不怕鬧，且容易進財。而虎邊怕鬧，宜靜。萬萬不可自限東有溪流、西有長廊、前有池塘、後有靠山。所以要依照八卦原理量測取吉。

☯風水問與答

問1.如果住的地方，左邊沒有溪流，右邊也沒有長廊，有沒有什麼可取代此象徵呢？

答1：鬧區車道，人來人往，類似溪流（店家切忌正對著路弧切口），右邊店家騎樓也是生意的機會範圍。

問2.是不是只要人在家中客廳，面朝大門外，就是左青龍右白虎，左為龍邊、右為虎邊呢？

答2：是的。

問3.聽說虎邊不可高於龍邊？請說明之。

答3：龍邊在家庭中代表男人，地位較高，男人須出外賺錢養家，而女人持家養育兒女。所以龍邊開門，等於氣孔，人進人出，自然旺盛，容易進財；如果虎邊高於龍邊，等於虎開口、傷人，家庭易不和，不聚財。

問4. 龍怕臭，虎怕吵？請說明之。

答4：以風水樣品屋為例，房子座北朝南，龍邊有廁所，

夏天吹東南風，會導致全屋臭氣而不衛生，且易有
爛桃花。虎邊宜靜怕吵，如果虎邊對調龍邊，則女
權高漲，家易不寧。

2. 現代風水原理，亦可定義為生活定點與妥善安置看不見的磁場。它影響人之心理，健康與命運。

舉例言之，人之血液循環受到地球鐵質之影響，證明健康
與地球磁場相關；再者人之出生於不同年份，有著不同之
磁場人生，陰陽性別，也在命運考量的因素中。

3. 基本瞭解

天干地支											
天干	甲	乙	丙	丁	戊	己	庚	辛	壬	癸		
地支	子	丑	寅	卯	辰	巳	午	未	申	酉	戌	亥

生肖與地支											
生肖	鼠	牛	虎	兔	龍	蛇	馬	羊	猴	雞	狗	豬
地支	子	丑	寅	卯	辰	巳	午	未	申	酉	戌	亥

4. 天干地支與生肖五行方位關係

五行	天干	地支	生肖	方位
木	甲乙	寅卯	虎兔	東
火	丙丁	巳午	馬蛇	南
土	戊己	辰戌丑未	龍狗牛羊	中央
金	庚辛	申酉	猴雞	西
水	壬癸	亥子	豬鼠	北

六十年甲子(干支表)

1 甲	2 乙	3 丙	4 丁	5 戊	6 己	7 庚	8 辛	9 壬	10 癸
甲子 1804 1864 1924 1984	乙丑 1805 1865 1925 1985	丙寅 1806 1866 1926 1986	丁卯 1807 1867 1927 1987	戊辰 1808 1868 1928 1988	己巳 1809 1869 1929 1989	庚午 1810 1870 1930 1990	辛未 1811 1871 1931 1991	壬申 1812 1872 1932 1992	癸酉 1813 1873 1933 1993
甲戌 1814 1874 1934 1994	乙亥 1815 1875 1935 1995	丙子 1816 1876 1936 1996	丁丑 1817 1877 1937 1997	戊寅 1818 1878 1938 1998	己卯 1819 1879 1939 1999	庚辰 1820 1880 1940 2000	辛巳 1821 1881 1941 2001	壬午 1822 1882 1942 2002	癸未 1823 1883 1943 2003
甲申 1824 1884 1944 2004	乙酉 1825 1885 1945 2005	丙戌 1826 1886 1946 2006	丁亥 1827 1887 1947 2007	戊子 1828 1888 1948 2008	己丑 1829 1889 1949 2009	庚寅 1830 1890 1950 2010	辛卯 1831 1891 1951 2011	壬辰 1832 1892 1952 2012	癸巳 1833 1893 1953 2013
甲午 1834 1894 1954 2014	乙未 1835 1895 1955 2015	丙申 1836 1896 1956 2016	丁酉 1837 1897 1957 2017	戊戌 1838 1898 1958 2018	己亥 1839 1899 1959 2019	庚子 1840 1900 1960 2020	辛丑 1841 1901 1961 2021	壬寅 1842 1902 1962 2022	癸卯 1843 1903 1963 2023
甲辰 1844 1904 1964 2024	乙巳 1845 1905 1965 2025	丙午 1846 1906 1966 2026	丁未 1847 1907 1967 2027	戊申 1848 1908 1968 2028	己酉 1849 1909 1969 2029	庚戌 1850 1910 1970 2030	辛亥 1851 1911 1971 2031	壬子 1852 1912 1972 2032	癸丑 1853 1913 1973 2033
甲寅 1854 1914 1974 2034	乙卯 1855 1915 1975 2035	丙辰 1856 1916 1976 2036	丁巳 1857 1917 1977 2037	戊午 1858 1918 1978 2038	己未 1859 1919 1979 2039	庚申 1860 1920 1980 2040	辛酉 1861 1921 1981 2041	壬戌 1862 1922 1982 2042	癸亥 1863 1923 1983 2043

平安 福 平安 福 平安 福 平安 福

鑫富樂文教編輯部繪製

5. 風水指南針(羅盤)

風水指南針又稱羅盤，據有八個基本卦，或稱八個方向。
每個卦有三個山，即八個卦有二十四個山；指南針用來測
量定點，以判斷其對家人的吉凶。

6. 八個基本卦 / 八個方位：

	基本卦	方位
一	乾卦	西北
二	兌卦	西
三	離卦	南
四	震卦	東
五	巽卦	東南
六	坎卦	北
七	艮卦	東北
八	坤卦	西南

25

7. 八個風水命

東四命：1坎、3震、4巽、9離

西四命：2／5坤、6乾、7兌、8艮

茲列各風水命出生年份如下：

項目	風水命	命卦	五行屬	男性	女性
八個風水命出生西元年份					
1	東四命	坎	水	1918, 1927, 1936, 1945, 1954, 1963, 1972, 1981, 1990, 1999, 2008, 2017	1914, 1923, 1932, 1941, 1950, 1959, 1968, 1977, 1986, 1995, 2004, 2013
2	西四命	坤 (同5)	土	1917, 1926, 1935, 1944, 1953, 1962, 1971, 1980, 1989, 1998, 2007, 2016	1915, 1924, 1933, 1942, 1951, 1960, 1969, 1978, 1987, 1996, 2005, 2014
3	東四命	震	木	1916, 1925, 1934, 1943, 1952, 1961, 1970, 1979, 1988, 1997, 2006, 2015	1916, 1925, 1934, 1943, 1952, 1961, 1970, 1979, 1988, 1997, 2006, 2015
4	東四命	巽	木	1915, 1924, 1933, 1942, 1951, 1960, 1969, 1978, 1987, 1996, 2005, 2014	1917, 1926, 1935, 1944, 1953, 1962, 1971, 1980, 1989, 1998, 2007, 2016
*5	西四命	坤 (同2)	土	1914, 1923, 1932, 1941, 1950, 1959, 1968, 1977, 1986, 1995, 2004, 2013	1918, 1927, 1936, 1945, 1954, 1963, 1972, 1981, 1990, 1999, 2008, 2017
6	西四命	乾	金	1913, 1922, 1931, 1940, 1949, 1958, 1967, 1976, 1985, 1994, 2003, 2012	1919, 1928, 1937, 1946, 1955, 1964, 1973, 1982, 1991, 2000, 2009, 2018
7	西四命	兌	金	1912, 1921, 1930, 1939, 1948, 1957, 1966, 1975, 1984, 1993, 2002, 2011	1920, 1929, 1938, 1947, 1956, 1965, 1974, 1983, 1992, 2001, 2010, 2019
8	西四命	艮	土	1920, 1929, 1938, 1947, 1956, 1965, 1974, 1983, 1992, 2001, 2010, 2019	1912, 1921, 1930, 1939, 1948, 1957, 1966, 1975, 1984, 1993, 2002, 2011
9	東四命	離	火	1919, 1928, 1937, 1946, 1955, 1964, 1973, 1982, 1991, 2000, 2009, 2018	1913, 1922, 1931, 1940, 1949, 1958, 1967, 1976, 1985, 1994, 2003, 2012

8. 五行相生相剋

萬物皆由此五種元素所組成，木、火、土、金、水，它們
彼此相生或相剋。

相生	
木	火
火	土
土	金
金	水
水	木

相剋	
木	土
土	水
水	火
火	金
金	木

9. 房子中心點量測

羅盤指針須固定在北方的中心點，房屋兩條對角線的交叉
點就是房屋的中心點，沒有中心點的房屋，家人沒有向心
力。如果房屋的中心點落在廁所、馬桶上、電梯或手扶梯
上，會造成家人不安寧，財運不佳。

☯風水問與答

關於中心點判斷：

問1. 請問一間從一樓到三樓獨棟透天的房屋，該房屋的中心點如何量測？

答1：由於房子中心點是以每個樓層量測出來的，若是獨棟透天，該房屋中心點則需一層一層的判斷。

問2. 如果一樓到三樓是都有前後陽台的公寓，如何量測其中心點？

答2：量測中心點時須扣除前後陽台，因為陽台下無地基。如果是有地基的陽台，則不必扣陽台的空間。

問3. 如果一樓有騎樓，則一樓與二樓房屋的中心點？三樓的中心點？

答3：一樓量測須扣除騎樓，騎樓雖然有所有權，但使用權在行人。二樓、三樓與一樓的中心點一樣，騎樓不算。

問4. 由於有些高樓層的露台，雖有地基，但用途類似陽台，像這種情況可以一併計算中心點嗎？

答4：雖然是陽台，但只要有地基，中心點的量測就應該列入計算。

問5. 有些建物的一樓到二樓作走道，三樓以上才是住家

或辦公室，請問這種房子的中心點怎麼看呢？

答5：如果一二樓完全是空曠的走道，走廊完全與外面
相通而無隔離，其上面這種房子的隔局是沒有中心
點的，居家當然不好。營業單位除非在鬧區，否則
壓力一定不小。像台北捷運站是開放性出入口，上
面是公司或住家，但底下無地基，在中心點的計算
時，應把在這部份上的面積扣掉。

問6. 如果地下室一樓到地下室三樓都是社區的停車場，
是否需扣除地下室的面積，再找出中心點呢？現在
蓋的房子大都是這種情況。

答6：如果地下室一樓到地下室三樓均是停車場，上面的
住戶在量測中心點時，不必顧慮地基的問題；因為
停車場均屬於整個社區所有，所以仍可量測出中心
點。

問7. 如果地下室都租給商場或購物中心，住戶量測中心
點時，是否須扣除呢？

答7：如果地下室出租作商場，其他樓層的住戶在中心點
量測時並沒有地基不算的顧慮；因為地下室也均屬
於整個社區所有，所以仍可量測出中心點。

問8. 與外面相通而影響中心點的計算，是否應該有程度
上的差異？

答8：是。

平安 福 平安 福 平安 福 平安

問9. 如果1樓作生意，2樓以上是住家。不知量測中心點時，會不會有地基不算的問題？

答9：如果一樓是店家作生意，一樓店家及二樓以上住家均可量測出房屋中心點，因為店家並不屬於公共空間。

八個方位二十四山：每個方位有三個山，八個方位共有二十四山。

	方位	二十四山		
(1)	北（坎）	壬 (337.5-352.5)	子 (352.5-7.5)	癸 (7.5-22.5)
(2)	東北（艮）	丑 (22.5-37.5)	艮 (37.5-52.5)	寅 (52.5-67.5)
(3)	東（震）	甲 (67.5-82.5)	卯 (82.5-97.5)	乙 (97.5-112.5)
(4)	東南（巽）	辰 (112.5-127.5)	巽 (127.5-142.5)	巳 (142.5-157.5)
(5)	南（離）	丙 (157.5-172.5)	午 (172.5-187.5)	丁 (187.5-202.5)
(6)	西南（坤）	未 (202.5-217.5)	坤 (217.5-232.5)	申 (232.5-247.5)
(7)	西（兌）	庚 (247.5-262.5)	酉 (262.5-277.5)	辛 (277.5-292.5)
(8)	西北（乾）	戌 (292.5-307.5)	乾 (307.5-322.5)	亥 (322.5-337.5)

鑫富樂文教編輯部繪製

10.房屋座向

(1)一樓：站在屋中心點，面向屋子門牌，以羅盤定座向。

(2)二樓以上公寓：站在屋中心點，面向陽台，以羅盤定座向。

(3)大樓 2F 以上：站在屋中心點，面向大樓之正前方，以羅盤定座向。

三、住屋之基本選擇

1.風水命：以住屋戶長之風水命為主，選擇住家座向。

	戶長的風水命			避免的住屋座向	
(1)	1坎命			辰戌	丑未
(2)	2坤命	5坤命	8艮命	乾	兌
(3)	4巽命	3震命		乾	兌
(4)	6乾命	7兌命		離	
(5)	9離命			坎	

2. 從公寓或大樓選擇所適的符合五行之樓層，五行之順序為木，火，土，金，水。

屋座向	1 樓	2 樓	3 樓	4 樓	5 樓
東	木	火	土	金	水
東南	木	火	土	金	水
南	火	土	金	水	木
西南	土	金	水	木	火
東北	土	金	水	木	火
西	金	水	木	火	土
西北	金	水	木	火	土
北	水	木	火	土	金

舉例：艮命五行屬土，公寓座向正南
方屬火，哪一樓屬於風水命艮
命居住呢？

答案：一、二樓均適合。因為一樓屬火與
艮命土相生，而二樓屬土與艮命土相同。

四、門

門是住家的出入口，就像人的臉。

1. 下列不應在屋前或屋門前。

(1)廟，教堂十字架，但醫院之十字架例外。

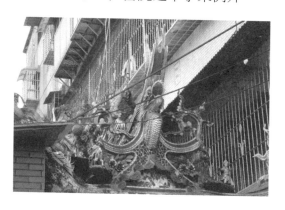

(2)火葬場，墳墓，枯樹，藤牆。

(3)公廁，垃圾場，焚化爐。

(4)電線桿，電廠，電塔。

(5)加油站，化學工廠。

(6)法院，停車場出入口，天橋。

(7)隧道，小巷弄，曲彎路，大樓間隙(俗稱天斬煞)。(參閱293頁圖)

(8)煙囪，警察局，消防隊。

(9)屋脊，邊間，三角建物。

(10)懸崖峭壁，河畔。

(11)拱門或屋外之拱門高於屋門，易遭
火災。

(12)常用側門少用大門，男人變懶。

(13)屋門不可對電梯，男主人失財。

(14)前後門一線通。

(15)門前僅有一點唇，且緊連馬路，危險。

(16)門前有曲彎樹。

(17)門前有井。

(18)屋門不可對倉庫門。

(19)屋門不可對子午卯酉路，易有婚外情。

(20)門對人家屋角。

(21)營業場所有太多門，易生口角，但百貨公司賣場則例
外。

(22)大門邊有側門，易有小三。

(23)屋門不可緊鄰廁所。

(24)大門位於屋西北方的缺角。

(25)大門位於屋西南方的突出或缺角。

(26)邊間屋大門對著十字路的交叉點。

(27)邊間屋大門，門前無唇對著馬路，而且垂直對著。

(28)屋門不應對著角或任何尖物。

(29)屋門不可對著籬笆門。

(30)屋門不可在屋之突出處。

(31)屋大門上不可有鐵網。

(32)屋門不可對Y形路。

(33)屋門不可對死巷。

(34)營業所兼住宅大門設在屋東北或西南。

(35)小屋有許多門，會有很多意見。

2. 住家大門設點建議

家門最好設在北方壬癸，東方在甲乙，南方在丙丁，西方在庚辛。其他山也可以，但要看家人之生肖，因為生肖年會衝擊到家人。

住家大門	設點建議	
北方	壬（337.5-352.5）	癸（7.5-22.5）
東方	甲（67.5-82.5）	乙（97.5-112.5）
南方	丙（157.5-172.5）	丁（187.5-202.5）
西方	庚（247.5-262.5）	辛（277.5-292.5）

3. 營業場所之大門

很多人相信營業場所之大門設在下列建議處較易賺錢。

屋座向	店門設點	忌諱門
壬	艮、丙	巽、午
子	兌、丑、丁、巳	坤、亥
癸	兌、丁、巳、丑	坤、乙、辰
丑	子、癸、申、辰	坤、申
艮	午	庚、丁、丑
寅	丙、艮	坤、丁、未
甲	辛、巽	坤、申

屋座向	店門設點	忌諱門
卯	坤、乙	乾、乙、辰
乙	庚、卯、亥、未	巽、丑
辰	兌、丁、巳、丑	巽、丁、未
巽	乾、甲	乙、丙、子
巳	子、癸、申、辰	巽、乙、辰
丙	巽、午、壬、寅	乾、亥
午	艮、丙	乾、艮、丁、未
丁	子、癸、申、辰	艮、丁、未
未	坤、乙	艮、乙、辰
坤	庚、卯、亥、未	甲、癸、午
申	巳、丑、丁、兌	艮、亥
庚	坤、乙	艮、丁、未
酉	子、癸、申、辰	艮、巽、申
辛	乾、甲	丑、巽
戌	艮、丙	巽、丁、未
乾	巽	乙、酉、子
亥	乙	巽、乙、辰

五、臥室

　　臥室是休息睡覺的場所，不需要太光亮，必要時加裝窗簾。一般臥室的禁忌如下：

1. 臥室不能吊掛刀劍。
2. 梳妝台不可置放於臥室東方，也不可對著床。
3. 鏡子不可對床，也不可鏡對鏡。
4. 電視不可對床。
5. 針、刀、剪刀不可放置於床的抽屜內，尤其是孕婦的床。
6. 臥室不能放縫紉機，易引發夫妻爭吵不睦。
7. 臥室不需要有盆栽物。
8. 臥室不要有魚缸，但小型無不可。
9. 床不可置於屋樑下。
10. 床通常僅一邊靠牆，頂多兩邊。三邊靠牆，就很不好。
11. 幫傭臥室不宜在屋之西北方、北方、西方、西南方。
12. 臥室不宜有天窗。
13. 臥室不宜有太多藝術燈。
14. 臥室門絕對不可對梯、廚房、廁所。
15. 臥室門不可相對，易成吵架門。
16. 進門喇叭鎖在右方不對，應在左方才對。（如右圖）
17. 床不可對其他房間。

18.臥室不可有吊掛箱、掛架、圖畫等吊掛物。

19.床頭櫃上方避免有掉落物。

20.床上層有馬桶，會帶給下方睡床的人不幸。

21.臥室不要有太多圓形物。

22.臥室不可放泡茶機、咖啡機於床邊。

23.床離地面床是75公分，但不要超過85公分。

24.床頭櫃應緊貼牆面。

25.孕婦床不可因為清掃而移動。

26.先人照片不可掛於臥室。

27.床頭櫃不要有照明。

28.臥室不要有圓窗。

29.臥室不宜有大鐘。

　　枕頭的位置對睡覺的人健康非常重要。有一派人士主張，東四命的人枕頭的位置在東、東南、南、北方位置；而西四命枕頭的位置就在西北、西南、西、東北方，這顯示枕頭的位置弄錯會有害處。

　　不同生肖有其不宜之枕頭位置，除外其餘皆安全，就會有好的睡眠與健康。

	生肖		枕頭的位置不可在以下位置	缺點
(1)	鼠	馬	子	神經衰弱、記性變差及肝臟的毛病。
(2)	牛	羊	丑	肝臟、胃及神經衰弱的問題。

	生肖		枕頭的位置不可在以下位置	缺點
(3)	虎	猴	寅	肝臟疾病的問題。
(4)	兔	雞	卯	下肢、大腸、便秘性血壓的問題。
(5)	龍	狗	辰	胃的疾病。
(6)	蛇	豬	巳	脾臟、血癌的問題。
(7)	馬	鼠	午	心臟病的問題。
(8)	羊	牛	未	小腸、不孕症的問題。
(9)	猴	虎	申	子宮、膀胱的問題。
(10)	雞	兔	酉	口腔、腎臟的問題。
(11)	狗	龍	戌	心臟病的問題。
(12)	豬	蛇	亥	膽、淋巴腺、白血球數量的問題。

六、廚房與餐廳

1. 廚房與餐廳禁忌

(1)廚房不可在屋之西南。

(2)爐具不可在鋪平之水溝上。

(3)爐具不可向西。

(4)爐具不可緊鄰馬桶。

(5)爐具不可在馬桶或床之後面。

(6)廚房與餐廳不可緊鄰。

(7)餐桌不可面對屋大門。

(8)餐桌不可在樑下、天窗下，或餐桌上方是廁所。

(9)廚房不可有天窗。

(10)廚房不可有井。

(11)廚房屋頂不可有天窗。

(12)爐具後方不可有窗。

(13)屋中央不可有爐具。

(14)樑下不可有爐具。

(15)爐具後方不可有馬達與水井。

(16)水龍頭不可緊鄰爐具。

(17)爐具後方不可有空缺，應靠壁。

(18)廚房不可有魚缸。

2. 按照風水原理，發生火災常常是因為爐具設置在不當之地點，尤其是高功率電器，諸如烤箱、爐灶、電陶爐、微波爐、旋風式烤箱、電熱水器、桶裝瓦斯、瓦斯爐、電鍋、

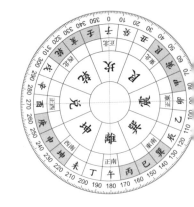

電磁爐、慢鍋（燉鍋）等。

屋座朝向	爐具放置不當地點
子	亥
丑	申
寅	巳
卯	寅
辰	亥
巳	申
午	巳
未	寅
申	亥
酉	申
戌	巳
亥	寅

3. 爐具放置點之評估。

爐具放置點	佳	中等	差
壬位	佳		
丑位		中等	
甲位	佳		
辰位		中等	
丙位	佳		
未位		中等	
庚位	佳		
戌位		中等	

爐具放置點	佳	中等	差
午位			差
坤位			差
酉位			差
乾位			差
癸位	佳		
寅位		中等	
乙位	佳		
巳位			差

平安 福 平安 福 平安 福 平安 福

爐具放置點	佳	中等	差
子位			差
艮位			差
卯位			差
巽位			差

爐具放置點	佳	中等	差
丁位	佳		
申位		中等	
辛位	佳		
亥位		中等	

七、廁所

1. 一般注意事項

(1)馬桶不可對著北方。

(2)馬桶不可對著正門。

(3)馬桶不可設置在東北，西南方。

(4)廁所／浴室通風要好。

(5)廁所絕對不可設置在屋的中央。

(6)廁所／浴室地面不可高於家地面。

(7)廁所不可對廚房。

2. 從房屋座向判斷廁所吉凶

房屋座向	廁所不利方位
壬	無
丑	酉、丑
甲	無
辰	子、辰

房屋座向	廁所不利方位
丙	無
未	卯、未
庚	無
戌	午、戌

房屋座向	廁所不利方位
子	子、辰
艮	無
卯	卯、未
巽	無
午	午、戌
坤	無
酉	丑、酉
乾	無

房屋座向	廁所不利方位
癸	無
寅	午、戌
乙	無
巳	丑、酉
丁	無
申	子、辰
辛	無
亥	卯、未

3. 從馬桶方位判斷吉凶

馬桶方位	吉凶判斷
壬	吉
子	凶
癸	吉
丑	中等
艮	凶

馬桶方位	吉凶判斷
寅	中等
甲	吉
卯	凶

馬桶方位	吉凶判斷
乙	吉
辰	中等
巽	中等
巳	中等
丙	吉
午	凶
丁	吉
未	中等

馬桶方位	吉凶判斷
坤	凶
申	中等
庚	吉
酉	凶
辛	吉
戌	中等
乾	凶
亥	中等

八、窗戶與照明

1. 屋之對角線上有窗戶，易失財。
2. 拱形窗戶不利。
3. 三角形窗戶不利。
4. 家有落地窗不利，辦公室主管座位後有落地窗不吉，但營業單位例外。
5. 辦公室窗戶不要透明。
6. 辦公室後之窗戶要有窗簾。

7. 一面牆不要有兩面窗戶。

8. 屋之南面窗戶要有遮陽板。

9. 圓形窗戶不佳。

10. 屋後窗戶對著大門不吉。

11. 浴室需有窗戶。

12. 床後有窗戶，不吉。

13. 現代藝術燈只適合客廳或餐廳。

14. 各式圓燈泡適合臥室，但吊掛型的燈飾懸掛在床上就不適合。

15. 床後不宜有燈。

16. 餐桌上適合吊掛型燈飾。

17. 桌燈、閱讀燈適合在書桌上。

18. 神壇上不宜日光燈。

19. 日光燈吊掛的出入口宜吊掛水平式，不宜垂直式。

20. 辦公室通常照明用崁入式。

九、神壇

1. 建議神壇之方位

屋座向	建議神壇之方位
壬	壬、子、艮、寅、辰、未、申、庚
子	壬、子、癸、丑、辰、巽
癸	癸、辰、申

屋座向	建議神壇之方位
丑	乙、巳、酉
艮	辰、坤、戌
寅	丁、坤
甲	丑、卯、乙、申、乾、亥
卯	癸、甲、卯、乙、巽、未、申、亥
乙	壬、子、卯、乙、巳、坤、戌、亥
辰	辰、午
巽	壬、子、寅、辰、丙、午、未、酉、戌、乾
巳	壬、丑、酉、乾
丙	艮、甲、丙、午、丁、未、坤、申、酉、辛
午	艮、寅、乙、巽、丙、午、丁、未、坤、申、庚
丁	丑、艮、寅、甲、巳、丙、午、丁、未、坤、申、酉
未	卯、午、申
坤	乙、辰、申
申	癸、乙、坤、申
庚	癸、巽、丁、未、申、乾、亥
酉	丑、寅、巳、丁、未、坤
辛	艮、巽、丙、丁、未
戌	子、甲、巳、午、申、庚、酉、辛、戌
乾	子、甲、丙、丁、坤、庚、酉、辛、乾
亥	壬、子、甲、卯、未、坤、庚、酉、辛、戌

2. 神壇設置注意事項

(1)神壇不可設置在樓梯下。

(2)神壇不可對廁所。

(3)神壇不可緊鄰廁所與浴室。

(4)樑下不可設置神壇，傷小孩。

(5)神像不可設置在「未」上。

(6)神像不可設置於對壁刀處。

3. 神壇建議高度

神壇離地的建議高度 (公分)				
102.0~112.5	123.3~124.1	144.7~155.5	166.2~176.9	187.7~198.4
209.2~219.9	230.7~241.3	252.0~262.8	273.4~284.2	292.0~305.6

4. 神像不可設置的年份與煞位

年份	煞位
子	座午向子
丑	座未向亥
寅	座未向丑
卯	座庚酉辛向甲卯乙
辰	座亥向艮
巳	座亥向巳
午	座壬子癸向丙午丁
未	座亥向未
申	座丑向申

年份	煞位
酉	座甲卯乙向庚酉辛
戌	座辰向戌
亥	座巳向亥

5. 神像不可設置於屋煞位

屋座向	屋煞位
西北	東南/東北
北	南/西北/東
東北	西南/南/北
東	西/東北/南
東南	西北/西/東北
南	北/西北
西南	東北/西北/西
西	東/西

十、樓梯

1. 樓梯不可設置於屋中央，但飯店或公眾場所則例外。
2. 一屋二梯不吉，但大型公眾場合則是例外。
3. 樓梯之階梯數要奇數。
4. 樓梯要安全，不能太陡，階梯高度要適中，寬度不能太窄。

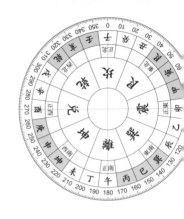

5. 廚房在樓梯下，不吉。

6. 床在樓梯下，不吉。

7. 神壇在樓梯下，凶。

8. 屋外梯，不吉。

9. 梯向外，不吉。

10. 梯不可設置在戶長生辰地支上。

11. 梯不可設置在壬、癸、乾，西方。

12. 梯之入口處不可與家人之生肖衝突。

13. 梯不可對門。

14. 樓梯下不可置放爐具。

15. 樓梯下不可有床。

16. 樓梯下不可設置在屋之煞位。

十一、辦公室

1. 辦公室 / 辦公桌注意事項

(1)主管座椅背後不可有落地窗。

(2)辦公室不可有天窗。

(3)辦公桌不可面對角落。

(4)辦公桌不可在屋樑下。

(5)辦公室的門不可面對廁所門。

(6)辦公桌之間不可有走道。

(7)辦公桌不可面對屋門。

(8)辦公桌不可在三角形角落。

(9)辦公桌不可面對魚缸。

2. 辦公桌之安置

(1)辦公室的門在東方

辦公桌方位	判斷	辦公桌方位	判斷	辦公桌方位	判斷
壬方	不吉	子方	極佳	癸方	佳
丑方	極佳	艮方	不吉	寅方	不吉
甲方	吉	卯方	不吉	乙方	不吉
辰方	不吉	巽方	中等	巳方	不吉
丙方	吉	午方	中等	丁方	不吉
未方	吉	坤方	不吉	申方	不吉
庚方	吉	酉方	極佳	辛方	極佳
戌方	不吉	乾方	不吉	亥方	不吉

(2)辦公室的門在西方

辦公桌方位	判斷	辦公桌方位	判斷	辦公桌方位	判斷
壬方	極佳	子方	吉	癸方	極佳
丑方	極佳	艮方	吉	寅方	吉
甲方	吉	卯方	吉	乙方	吉
辰方	吉	巽方	極佳	巳方	吉
丙方	吉	午方	不吉	丁方	極差
未方	極佳	坤方	吉	申方	吉
庚方	極佳	酉方	極佳	辛方	極佳
戌方	吉	乾方	吉	亥方	吉

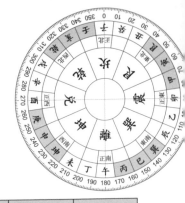

(3)辦公室的門在南方

辦公桌方位	判斷	辦公桌方位	判斷	辦公桌方位	判斷
壬方	吉	子方	吉	癸方	吉
丑方	中等	艮方	不吉	寅方	不吉
甲方	不吉	卯方	吉	乙方	吉
辰方	極差	巽方	不吉	巳方	不吉
丙方	吉	午方	極差	丁方	極差
未方	極佳	坤方	吉	申方	極佳
庚方	吉	坤方	吉	辛方	吉
戌方	吉	乾方	吉	亥方	吉

(4)辦公室的門在北方

辦公桌方位	判斷	辦公桌方位	判斷	辦公桌方位	判斷
壬方	極佳	子方	極佳	癸方	吉
丑方	不吉	艮方	吉	寅方	不吉
甲方	極佳	卯方	極佳	乙方	吉
辰方	極佳	巽方	極佳	巳方	吉
丙方	極差	午方	極差	丁方	不吉
未方	吉	坤方	不吉	申方	極佳
庚方	極佳	酉方	極佳	辛方	極佳
戌方	極佳	乾方	不吉	亥方	不吉

(5)辦公室的門在東北方

辦公桌方位	判斷	辦公桌方位	判斷	辦公桌方位	判斷
壬方	吉	子方	吉	癸方	極佳
丑方	吉	艮方	吉	寅方	吉
甲方	不吉	卯方	吉	乙方	吉
辰方	吉	巽方	吉	巳方	吉
丙方	吉	午方	吉	丁方	吉
未方	吉	坤方	極差	申方	極差
庚方	不吉	酉方	吉	辛方	吉
戌方	不吉	乾方	吉	亥方	吉

(6)辦公室的門在西南方

辦公桌方位	判斷	辦公桌方位	判斷	辦公桌方位	判斷
壬方	不吉	子方	極佳	癸方	極佳
丑方	不吉	艮方	吉	寅方	吉
甲方	吉	卯方	中等	乙方	吉
辰方	極佳	巽方	不吉	巳方	不吉
丙方	中等	午方	中等	丁方	中等
未方	極佳	坤方	極佳	申方	極佳
庚方	不吉	酉方	不吉	辛方	不吉
戌方	中等	乾方	中等	亥方	中等

(7)辦公室的門在西北方

辦公桌方位	判斷	辦公桌方位	判斷	辦公桌方位	判斷
壬方	吉	子方	不吉	癸方	極差
丑方	不吉	艮方	不吉	寅方	不吉
甲方	不吉	卯方	不吉	乙方	不吉
辰方	不吉	巽方	不吉	巳方	不吉
丙方	極差	午方	極差	丁方	極差
未方	極差	坤方	極差	申方	極差
庚方	極差	酉方	極差	辛方	不吉
戌方	不吉	乾方	中等	亥方	中等

(8)辦公室的門在東南方

辦公桌方位	判斷	辦公桌方位	判斷	辦公桌方位	判斷
壬方	不吉	子方	不吉	癸方	不吉
丑方	中等	艮方	中等	寅方	極佳
甲方	極差	卯方	極差	乙方	極差
辰方	極差	巽方	極差	巳方	極差
丙方	極差	午方	極差	丁方	吉
未方	中等	坤方	中等	申方	極差
庚方	極差	酉方	極差	辛方	極差
戌方	極差	乾方	極差	亥方	極差

十二、財位與文昌位

財位關係個人財富機會，而文昌位關係學生之學習智慧。

屋座向		財位		文昌位	
卦名	方位	卦名	方位	卦名	方位
坎	北	坎	北	艮	東北
坤	西南	坤	西南	兌	西
震	東	中	中	乾	西北
巽	東南	巽	東南	中	中
乾	西北	兌	西	震	東
兌	西	乾/巽	西北/東南	坤	西南
艮	東北	中	中	坎	北
離	南	北	東北	離	南

註：財位要明亮、乾淨，適合坐、臥、睡、植物。
　　財位不適合黑暗、空缺、髒亂。

十三、魚與魚缸

1. 風水魚 (五行屬火)： 金魚、鯰魚、血鸚鵡、錦鯉、紅龍
   等……。
2. 魚缸上可掛山水畫。
3. 魚缸置放於陰暗處。
4. 魚缸不宜置放於窗戶旁。

5. 魚缸內至少有一隻黑色魚，可制煞。

6. 魚缸以圓形、長方形為佳，方形、其他形次之或不宜。

7. 魚缸使用玻璃材質為佳。

8. 魚缸不可對門。

9. 碎水晶石磁場可以發揮淨水功能。

10. 魚缸外形與五行有關，圓形屬金、長方形屬木、三角形屬火、正方形屬土、六角形屬水。

形狀	◯ 圓形	▭ 長方形	△ 三角形	▢ 正方形	⬡ 六角形
五行	金	木	水	火	土

11. 魚缸高度不要超過人的心臟。

12. 魚缸高度不要低於人的腳。

13. 魚缸不可放置於子午卯酉位置，易生緋聞。

14. 魚缸不可放置於廚房。

15. 魚缸絕對不可放置在關煞位，家之長者容易有橫禍。

☯風水問與答
關於關煞位的判斷：

問1. 請解釋「關煞位」？如何判斷。

答1：人生難免有時也會碰到不如意、不順利，甚至災厄，一般都歸於運勢差。在陽宅中有的方位事事不

宜，稱之為關煞。簡單的判斷方法就是以屋子座向為基準，與座向相對（反）的方位就是關煞方。例如，座乾（西北正中央）的屋子，其關煞方就是巽（東南方正中央）。以此類推。

問2. 請問煞位是不是關煞位？

答2：關煞位也稱為所謂五黃位(流年災星)，如果遭到修建破壞，會令人生較重的病，這會影響人的健康，不能疏忽。

　　煞位也稱殺位，其殺傷力較輕，但仍容易令人破財，運勢欠佳。雖然殺傷力不至於很大，但也不要輕忽。

　　茲列出一般所稱三煞位（劫煞，災煞，歲煞）如下。切記不可犯了修建，動土。

　　寅午戌年三煞位在北方。

　　申子辰年三煞方在南方。

　　亥卯未年三煞位在西方。

　　巳酉丑年三煞位在東方。

16. 魚缸最忌亥位。

17. 風水魚缸的長、寬、高尺寸，三者皆須符合如下：

16.1~26.8cm,	37.5~48.3cm,	59~69.8cm,
80.5~91.2cm,	102~112.6cm,	123.3~124.1cm,
144.7~ 155.5cm,	166.2~176.9cm,	187.7~198.4cm,

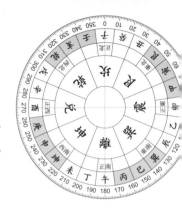

209.2～219.9cm，　230.7~241.3cm，
250.0~262.8cm，　273.4~284.2cm，
295.0~305.6cm。

18. 風水魚缸位置建議：

屋座向	魚缸位置建議
壬子坤申乙辰	艮寅丙辛戌
甲卯乾亥丁未	巽巳戌庚酉癸丑
庚酉巽巳癸丑	乾亥甲卯丁未
丙午艮寅辛戌	坤申壬子乙辰

十四、儲藏室

1. 儲藏室五行屬土。
2. 壬、癸、甲、乙、巳、丙、丁、庚、辛、亥是適合儲藏室的場所。
3. 但子、艮、卯、巽、午、坤、酉、及乾，避免作為儲藏室的場所。
4. 倉庫門不可對其他門。

十五、假山

假山常建在別墅，但屋前不可建假山，即使是吉地。

假山位置吉凶：

位置	吉凶	位置	吉凶	位置	吉凶
壬方	吉	子方	不吉	癸方	吉
丑方	差	艮方	差	寅方	極差
甲方	差	卯方	極差	乙方	差
辰方	差	巽方	差	巳方	差
丙方	差	午方	差	丁方	差
未方	差	坤方	差	申方	差
庚方	吉	酉方	差	辛方	吉
戌方	吉	乾方	吉	亥方	吉

十六、池塘

庭院裡基本上不設池塘，除非離房舍百米，則是例外。

池塘位置吉凶：

位置	吉凶	位置	吉凶	位置	吉凶
壬方	不吉	子方	吉	癸方	差
丑方	極差	艮方	極差	寅方	極差
甲方	吉	卯方	不吉	乙方	吉
辰方	吉	巽方	差	巳方	吉
丙方	不吉	午方	極差	丁方	不吉
未方	不吉	坤方	不吉	申方	不吉
庚方	吉	酉方	極差	辛方	吉
戌方	吉	乾方	不吉	亥方	吉

十七、植物

　　風水把樹區分成兩大類，陽樹與陰樹。
基本上，住家陽樹受到歡迎，而陰樹則要避
免。

1. 陽樹：
   杜鵑花，棗椰樹，菊花，蘭花，牡丹花，萬年青，松樹，
   榆樹，柿樹，柏樹，梅樹，櫻樹，牽牛花，桃樹，楓樹，
   九重葛，雞冠花，梧桐樹，竹，枸杞。

2. 陰樹：
   柳樹，相思樹，香蕉，葡萄，木瓜，梨樹，楠木，棕櫚，
   香蕉。

注意事項：
1. 門前不種植梧桐樹，桃樹，桑樹。
2. 種太多梅樹不利。
3. 診所前種植竹子不利。
4. 樹木宜修剪整齊。

十八、其他裝飾品

1. 緞帶花不可放在子午卯酉，易有婚外情。

2. 不可有五匹馬，應置放南方位或西北方，數目應是八取吉。

3. 獅子應是一對，應置放門向外處。

4. 烏龜

木龜-各方均可。

石龜-西南方，西北方。

銅龜-西方，西北方。

瓦龜-北方。

🀄 風水小叮嚀

問：有些漁民會把玳瑁與龍蝦做成標本,掛在家裡客廳,請問這些裝飾品的置放處？

答：動物標本原則不要放置，尤其是獸獵物。主因是內是否還有靈魂？

十九、地下室

地下室品質之改善：

◎由於都市土地昂貴，地下室常當作其他用
途，但地下室缺點應予改善。

(1)使用除濕機除濕。

(2)使用通風機通風。

(3)增加照明。

(4)綠色植物以增加新鮮空氣。

(5)地下室不可有神壇。

不利的地下室/地下室不宜在	
(1)	東北方、西南方
(2)	屋中央
(3)	臥室之下方

適宜之地下室方位		
(1)	北方	壬癸方
(2)	東方	甲乙方
(3)	南方	丙丁方
(4)	西方	庚辛方
(5)	西北方	乾方
(6)	東南方	巽方

二十、水井

現代自來水的水龍頭就是古代風水裡的井，但實質已經變

了,不能食古不化。

1. 合宜水井方位如下:壬、癸、甲、乙、巳、庚、辛、亥。
2. 水井注意事項如下:
  (1)水井旁勿堆石。
  (2)井旁勿堆垃圾。
  (3)井旁勿有大樹,甚至遮蓋水井。
  (4)水井旁邊勿鄰近廁所。
  (5)屋前、屋中、屋後勿有水井。

二十一、居家環境

1. 房屋建地不能曾經是廟、墳墓、火災、垃圾場、凹地或溼地。
2. 房屋建地不能在危險路徑上。
3. 房屋左右側不能是低地。
4. 房屋左右側不能是平行道路。
5. 房屋左右側不能是平行河流。
6. 房屋前不能是Y形路或T形路。
7. 房屋鄰近天橋,不吉。
8. 神壇不可對建物之角。
9. 房屋不可對路之子午卯酉。
10. 房屋鄰近垃圾場。
11. 房屋絕不可對天斬煞。

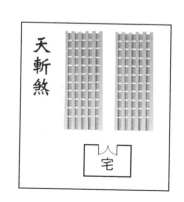

12. 電塔對房屋坤位，有利女婿。
13. 電塔對房屋申位，有利兄弟。
14. 電塔對房屋丙丁辛巽艮位，有利考試成績。
15. 拱門不可高於屋門。
16. 房屋前不宜種竹子。
17. 房屋不宜在死巷。

18. 河流不可流經庭院。
19. 房屋不可正對交叉路。
20. 屋門不可對廟門。
21. 其他：屋外20米內之物有些會影響屋內人所屬生肖之健康，煙囪、十字架、尖物、天斬煞、水井、公廁、垃圾堆、墳墓、廟屋頂尖物、塔、教堂、停車場入口、消防隊、殯儀館、天橋等。

◎解決方法：運用凸鏡對著不吉之物反射出去即可。

二十二、屋之凸出與凹入

1. 屋之凸出：

屋座向	凸出處	判斷
北方	壬方	吉
	子方	吉
	癸方	吉
東北方	丑方	不吉
	艮方	不吉
	寅方	不吉
東方	甲方	吉
	卯方	普通
	乙方	吉
東南方	辰方	普通
	巽方	不吉
	巳方	普通
南方	丙方	吉
	午方	普通
	丁方	吉
西南方	未方	不吉
	坤方	不吉
	申方	不吉

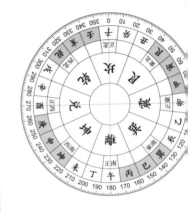

屋座向	凸出處	判斷
西方	庚方	普通
	酉方	普通
	辛方	普通
西北方	戌方	普通
	乾方	不吉
	亥方	吉

2. 屋之凹入：

屋座向	凹入處	判斷
北方	壬方	大凶
	子方	大凶
	癸方	大凶
東北方	丑方	不吉
	艮方	不吉
	寅方	不吉
東方	甲方	不吉
	卯方	不吉
	乙方	不吉
東南方	辰方	不吉
	巽方	不吉
	巳方	不吉
南方	丙方	不吉
	午方	不吉
	丁方	不吉

屋座向	凹入處	判斷
西南方	未方	不吉
	坤方	不吉
	申方	不吉
西方	庚方	不吉
	酉方	大凶
	辛方	大凶
西北方	戌方	不吉
	乾方	不吉
	亥方	不吉

二十三、圍牆

1. 圍牆應整齊完整，不等之高度屬凶。
2. 圍牆不可在屋完工前蓋好。
3. 圍牆不可有窗。
4. 圍牆西北方有破損，不吉。
5. 圍牆不可太高或太矮。
6. 圍牆不可太靠近屋子，至少須間隔1／2米以上。
7. 圍牆不可高於主門。
8. 圍牆不可開後門。
9. 圓形圍牆，吉祥。
10. 圍牆不可有藤蔓。
11. 圍牆上不可有鐵網。
12. 圍牆以石板作材料，不吉。

二十四、路沖

　　路沖或稱Ｔ型路，即是門前或房屋直接對著馬路，好像路往住家衝過來，當然心理上就會感受到威脅與不舒服。中國人相信居屋直接對著馬路、巷弄、天斬煞、直沖大門或後門，都是不吉利，會遭遇到不幸、身體病痛、失財、車關，甚至為小人所陷害。

　　◎化解方法如下：

(1)用高且密之陽樹以擋住厄運，或以山海鎮或凸鏡反射消除。

(2)營業所之路沖以自動門及多人進出化解之。

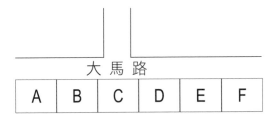

二十五、廟宇與教堂

廟宇 / 教堂 位置							
屋座向	東	東南	南	西南	西	西北	北	東北
壬子癸	不吉	不吉	不吉	吉	不吉	不吉	吉	不吉
丑艮寅	不吉	不吉	不吉	吉	不吉	吉	不吉	吉
甲卯乙	吉	不吉	不吉	不吉	不吉	大吉	不吉	不吉
辰巽巳	不吉	大吉	不吉	吉	不吉	不吉	不吉	不吉

廟宇／教堂 位置								
屋座向	東	東南	南	西南	西	西北	北	東北
丙午丁	不吉	不吉	大吉	不吉	不吉	不吉	不吉	大吉
未坤申	吉	不吉	不吉	吉	不吉	不吉	不吉	不吉
庚酉辛	不吉	大吉	吉	不吉	不吉	吉	不吉	不吉
戌乾亥	不吉	不吉	不吉	不吉	吉	吉	吉	不吉

二十六、橋

包含高架橋、高架道路和天橋。

屋座向	橋位置							
	東	東南	南	西南	西	西北	北	東北
北方	不吉	不吉	不吉	吉	不吉	不吉	吉	不吉
東北方	不吉	不吉	不吉	不吉	不吉	吉	不吉	不吉
東方	吉	不吉	不吉	不吉	不吉	不吉	不吉	不吉
東南方	不吉	不吉	不吉	吉	不吉	不吉	不吉	不吉
南方	不吉	不吉	吉	不吉	不吉	不吉	不吉	吉
西南方	吉	不吉	不吉	不吉	不吉	不吉	不吉	不吉
西方	不吉	不吉	吉	不吉	不吉	吉	不吉	不吉
西北方	不吉	不吉	不吉	不吉	吉	不吉	吉	不吉

二十七、疾病

有下列沖犯之情形容易產生疾病，應留意，並看醫生。

1. 風水命-巽震住乾，兌屋應注意身體保養。
2. 坤屋對廟，應注意身體保養。
3. 爐灶對房門。
4. 爐灶在子午卯酉方位，應注意心臟問題。
5. 爐灶在丑寅，應注意風濕問題。
6. 爐灶在午，應注意眼睛問題。
7. 爐灶在未申，應注意消化問題。
8. 爐灶在酉，應注意肺部問題。
9. 廁所在子，應注意心臟問題。
10. 廁所在丑艮卯，應注意風濕問題。
11. 廁所在巽，應注意消化問題。
12. 廁所在午，應注意眼睛心臟問題。
13. 廁所在坤，應注意過敏問題。
14. 廁所在申，應注意消化問題。
15. 廁所在酉，應注意肺部問題。
16. 廁所在乾，應注意中風問題，員工不忠實。
17. 廁所在亥，應注意肺部問題。
18. 生肖被沖犯，也會有問題。

生肖	被沖犯之徵兆
鼠	心、血、腎
牛	風濕、疲勞
虎	疲勞、風濕
兔	歇斯底里

生肖	被沖犯之徵兆
龍	皮膚、胃、消化
蛇	喉、感冒
馬	眼、頭
羊	消化
猴	消化
雞	肺
狗	神經質、腎
豬	神經質、腎

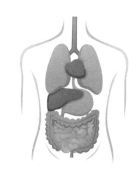

二十八、不和諧

房屋座向		爐・電咖啡壺等	不和諧的放置處
坎	北	丙午丁	南
坤	西南	艮丑寅	東北
震	東	庚酉辛	西
巽	東南	戌乾亥	西北
乾	西北	辰巽巳	南
兌	西	甲卯乙	東
艮	東北	未坤申	西南
離	南	壬子癸	北

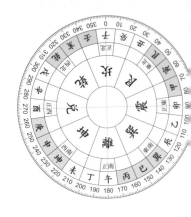

二十九、邊間屋（三角窗）

1. 十字路口西南之邊間屋，不吉。
2. 房子位於十字路交叉之東，不吉。
3. 房子位於十字路交叉之圓弧，不吉。
4. 邊間屋之門正對十字路交叉點，不吉。
5. 邊間屋很適合營業場所，不適合住家。
6. 邊間屋一樓不適合住家。

三十、麒麟

　　麒麟是古代中國傳說的吉祥動物，聽說麒麟會幫人驅逐白虎，即是不祥之物；白虎會在不同年於特定方位出現，放置麒麟可以化解。通常麒麟成雙放置，且放在當年白虎的特定方位，朝屋大門「向外」。

年份		白虎(放置麒麟的地方)
鼠	子	西南
牛	丑	西
虎	寅	西北
兔	卯	西北
龍	辰	北
蛇	巳	東北
馬	午	東北
羊	未	東
猴	申	東南
雞	酉	東南
狗	戌	南
豬	亥	西南

三十一、婚外情

容易發生婚外情的情況，約有下列：

1. 水龍頭不可對爐灶。
2. 臥室門對主門。
3. 座向子午卯酉的房子在子午卯酉方有水溝。
4. 馬桶在未卯子。

5. 屋門前有藤蔓。

6. 屋門前有水井。

7. 爐灶在酉丑位。

8. 屋座向申子辰，水溝在酉方。

9. 屋座向寅午戌，水溝在卯方。

10. 屋座向巳酉丑，水溝在午方。

11. 屋座向亥卯未，水溝在子方。

12. 屋座向子午卯酉，路沖且家人生肖有鼠馬兔雞。

13. 家門對電線桿。

14. 屋凹在酉丙午丁。

15. 戶長風水命- 離住坎屋。

16. 坤屋坎屋外之十字路交叉點在西南。

17. 生肖與樓梯位相同。

18. 魚缸位在子午卯酉。

19. 屋座向在下列卦位上。

卦位	度數
節卦	106.875~112.50
歸妹卦	118.125~123.75
需卦	151.875~157.50
姤卦	185.625~191.25
訟卦	230.625~236.25
坎卦	258.75~264.375

註：吊掛牡丹畫或許可減輕緋聞。(紅牡丹可減輕緋聞，綠牡丹可幫助財運)

三十二、雜項

1. 垃圾堆不能在西北方，但垃圾桶在亥方大吉。
2. 沒有後門的屋子不吉，婆媳關係不佳。
3. 防火巷不夠寬，丈母娘與女婿關係不佳。

4. 鏡子直沖貨品，會使貨品暢銷。
5. 火車站垂直之商店，生意會更好。
6. 天窗大小要適中。
7. 天窗不可設在屋中央、東北方、西南方或水井，廚房上方。
8. 邊間屋，俗稱三角窗，最宜商店營業，不宜住家。

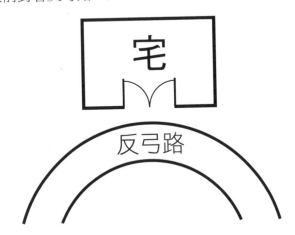

9. 屋之對角線不能有窗，會使家庭逐漸失財。

10. 屋西南方不可有延伸屋。

11. 從屋門不能見到廚房水龍頭。

12. 屋內不可有拱門窗；屋前不可種竹子，尤其是診所。

13. 延伸屋，不吉。

14. 大樓蓋成對角形，採光佳，但易有爭吵的缺點。

15. 屋前有梯連接至馬路，易失財。

16. 屋前對著反弓路，凶。

宅

反弓路

17. 屋對著十字路交叉點，西南、東北，凶。

18. 臥室不可有盆栽。

19. 天橋或路凹向住屋，吉祥。

20. 大樓外型圓形，吉。

21. 屋南方有尖形建物，易有火災。

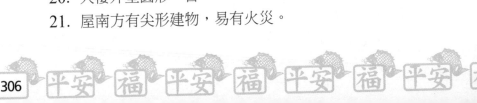

22. 屋在Y形路之頂點，像剪刀， 凶。
23. 屋形橫切，配合道路拓寬，易有氣喘病。
24. 屋後不可養鳥、養雞，主人容易喪失財貨。
25. 屋鄰近天橋，不吉。
26. 爐灶不可在關煞方。
27. 電視旁不可放置娃娃。
28. 臥室內電視不可對門。

三十三、常用納福添財制煞用品

1. 鬥魚：鬥魚放在屋子或個人的財位，會有正面的影響。
2. 竹葉青：花瓶內有竹葉青數支，放置屋子或個人的財位，
   會有正面的影響。

3. 葫蘆：面對加油站之化煞，制煞。
   若床頭上有樑，可在樑下吊掛一只葫
   蘆化煞，制煞。

4. 珠簾：兩房門相對，形成吵架門，用珠簾
   化解。

5. 騏麟：如遇有穿
   心煞，即是前後
   門直通、前窗對
   後窗或屋大門直
   沖長廊，以騏麟
   鎮之或用之於每
   年白虎方位化
   煞，制煞。

6. 山海鎮：可化解無尾巷、巷沖、路沖、壁刀、反弓煞和屋
   角煞等。

7. 三腳蟾蜍：可招財，制煞。一般放在個人之財位。

8. 貔貅：公母一對，能招財制煞。一般放在個人之財位，頭
朝外。

9. 乾坤八卦圖：用途為驅吉避凶，招
   財，制煞。例如藤蔓煞、夾煞、大樓
   帷幕牆。

風水常識

◎夾煞

　夾煞是小建物周邊緊鄰更高更大之大樓，給旁邊小建物有如
虎視耽耽的壓力。在風水上，小建物居民運勢變差，財運不
好。

10. 石敢當(尺寸：高4尺8吋×寬1尺2吋×厚4吋)：用來化解巷道之衝犯。例如弓箭煞、電線桿、剪刀煞。

11. 凸透鏡：制煞，例如弓箭煞、屋脊煞、電線桿。

國家圖書館出版品預行編目(CIP)資料

易經風水DIY：易經與現代風水 / 吳治逸作. -- 初版.
-- 臺中市：鑫富樂文教, 2015.06
面；　公分

ISBN 978-986-88679-6-3(平裝)

1.易占　2.堪輿

292.1　　　　　　　　　　　104008314

易經風水DIY
易經與現代風水

作者：吳治逸 Roger Wu
行銷企劃：廖勇誠
編輯審訂：郝定慧、林大田
美術設計：楊易達
插畫：林大田
圖表繪製：鑫富樂文教編輯部

發行人：林淑鈺
出版發行：鑫富樂文教事業有限公司
地址：台中市南區南陽街77號1樓
電話：(04)2260-9293
傳真：(04)2260-7762
總經銷：紅螞蟻圖書有限公司
地址：114台北市內湖區舊宗路二段121巷19號
電話：(02)2795-3656
傳真：(02)2795-4100

2015年6月16日 初版一刷
定　價◎新台幣450元
（缺頁或破損的書，請寄回更換）